"오직 믿음으로 구하고 조금도 의심하지 말라"

# 절대 긍정의
# 믿음

김열방 김사라 국순희
김향숙 박미혜 이숙경
이재연 지음

날개미디어

"예수께서 세례를 받으시고 곧 물에서 올라오실새
하늘이 열리고 하나님의 성령이 비둘기 같이 내려 자기 위에 임하심을 보시더니
하늘로부터 소리가 있어 말씀하시되
이는 내 사랑하는 아들이요 내 기뻐하는 자라 하시니라."
마태복음 3:16~17

# 절대 긍정의 믿음은 성령님을 춤추게 한다

당신은 성령님이 무엇을 좋아하는지 아십니까?

성령님이 좋아하시는 것은 다름 아닌 '믿음'입니다.

성령님은 '믿음의 하나님'이십니다. 믿음이 있으면 성령님을 기쁘시게 할 수 있지만 믿음이 없으면 성령님을 기쁘시게 할 수 없습니다. 그리고 이 믿음은 내 믿음이 아닌 성령님의 믿음입니다.

나는 어릴 때부터 교회를 다녔지만 20세에 길을 걷던 중 성령님의 임재와 권능을 체험했습니다. 그때 가까운 교회에 들어가 마룻바닥에 엎드려 눈물을 쏟으며 회개했고 즉시 내 입에서 내가 전혀 알지 못하는 언어인 방언이 터져 나왔습니다. 그날부터 온 세상이 달라 보였습니다. 모든 것이 아름답고 선명했습니다.

그리고 내 안에서 성령님의 세미한 음성이 들려왔습니다.

내가 아무것도 하지 않았는데 나를 사랑한다고 하셨습니다.

‘내 사랑하는 아들아, 내가 너를 기뻐한다. 내가 너를 사랑한다. 내가 너와 함께 한다. 두려워하지 마라. 내가 너를 사용하겠다.’

성령님은 날마다 내 마음에 믿음을 가득 넣어 주셨습니다.

그 후로부터 지금까지 나는 성령님이 주신 믿음으로 삽니다.

내가 가진 믿음은 나의 믿음이 아닙니다. 내 안에 생수의 강으로 가득히 들어와 계신 성령님이 내 마음에 끝도 없이 흘려보내 주시는 ‘성령님의 믿음’입니다. 이 초자연적인 믿음은 30년 전이나 지금이나 동일하게 내 안에 가득합니다. 성령님은 ‘예수의 영’이십니다.

예수의 영이신 성령님은 예수님처럼 생각하며 일하십니다.

예수님은 아버지의 일에 대해 절대 긍정의 믿음으로 반응하셨습니다. 그 예수 그리스도가 지금 당신 안에 실제로 살아 계십니다.

예수 그리스도가 어제나 오늘이나 영원토록 동일하신 것처럼 내 안에 있는 믿음도 어제나 오늘이나 영원토록 동일합니다. 이 믿음은 예수님이 이 땅에서 가지셨던 믿음과 동일한 믿음입니다.

구체적으로 어떤 믿음일까요? 예수님께서 간질로 심히 고생하는 한 아이에게서 귀신을 쫓아내신 후에 이렇게 말씀하셨습니다.

“진실로 너희에게 이르노니 만일 너희에게 믿음이 겨자씨 한 알만큼만 있어도 이 산을 명하여 여기서 저기로 옮겨지라 하면 옮겨질 것이요 또 너희가 못할 것이 없으리라.”(마 17:20)

이것이 예수님의 믿음입니다. 예수님의 믿음은 무엇일까요?

첫째, “진실로”라고 하셨습니다.

여기서 “진실로”라는 말은 ‘진리로’라는 뜻입니다. 이것은 곧 ‘영원히 변하지 않는 진리인 내가 말한다'는 뜻입니다. 구약의 어떤 선지자도 이런 식으로 말하지 않았습니다. 예수님만이 어제나 오늘이나 영원토록 변함없는 진리이십니다. 그분은 자신이 말씀하시는 '믿음에 대한 가르침'이 영원히 변하지 않는 진리임을 강조하셨습니다. 믿음이 무엇인지 알아야 진리로 살아갈 수 있습니다.

둘째, "너희에게 이르노니"라고 하셨습니다.

"너희에게"라는 말씀은 하나님께 믿음을 받아 사용하는데 있어 어떤 육신적인 제한도 없다는 것입니다. 믿음의 법칙에 있어서는 사람의 외모 곧 그가 가진 집과 전토, 부모 형제, 처와 자식, 돈과 권력, 학위와 학벌, 육체와 그 모든 영광 등 어떤 것도 상관없습니다. 나이가 어리든 많든, 공부를 많이 했든 적게 했든, 교회를 오래 다녔든 금방 믿었든 아무 상관없습니다. 하나님이 내게 주신 믿음은 처음부터 지금까지 동일했습니다. 더 커지지도 작아지지도 않았습니다. 믿음은 믿든지 안 믿든지 둘 중에 하나뿐입니다.

어떤 교사들은 이런 율법적이고 육신적인 가르침을 합니다.

"우리는 처음 예수를 구주로 믿을 때 아주 작은 믿음을 선물로 받는다. 그 후로 자기에게 주신 믿음을 키우기 위해 오랜 시간에 걸쳐 애쓰며 수고와 헌신, 온갖 노력과 방법을 더해야 한다. 여러 단계의 고행과 도를 닦음, 영성 훈련과 프로그램, 철학과 신학, 고생과 역경을 통해 작은 믿음을 조금씩 더 크게 키워 나가게 된다."

그렇지 않습니다. 성경은 다르게 말합니다. "성도에게 단번에 주신 믿음의 도를 위하여 힘써 싸우라"(유 1:3)고 했습니다. 목사나 전도사, 권사나 장로가 아닌 '성도에게'입니다. 목사나 장로는 직분이지만 성도는 신분입니다. 여러 단계를 걸쳐 조금씩 더한 믿음이 아닌 '단번에 주신 믿음'입니다. 키우라고 하지 않고 '지키고 유지하기 위해 힘써 싸우라'고 했습니다. 마귀의 어떤 유혹에도 속지 말고 '최고의 위치인 믿음의 도'에서 내려오지 말라는 것입니다.

우리는 오직 예수 그리스도를 구주로 믿을 때 성도에게 단번에 주신 최고의 위치인 믿음의 도를 지키고 유지하기 위해 힘써 싸워야 합니다. 이것은 실로 엄청난 비밀이요 깨달음입니다.

마귀는 성도를 그 자리에서 끌어내리기 위해 온갖 유혹을 합니다. 예수님이 40일 금식을 마치신 후에 받았던 유혹과 같습니다.

나를 따라 이렇게 말해 보십시오.

"나는 하나님이 단번에 주신 믿음의 도를 가지고 있다. 어떤 일이 있어도 여기서 내려가지 않겠다. 이것을 지키기 위해 싸우겠다."

여기서 말하는 믿음의 도는 무엇일까요? '예수 그리스도와 그가 십자가에 못 박히신 것을 믿게 하는 성령님의 믿음'입니다.

더 이상 무엇을 말하겠습니까? 이 안에 다 들어 있습니다.

예수님이 십자가에서 우리의 죄와 목마름, 병과 가난, 어리석음과 징계와 죽음을 다 짊어지고 피와 땀과 눈물을 흘리며 죽으셨습니다. 그분은 죄가 없는 하나님의 아들이시므로 죽은 지 사흘 만에 부활하셨고 하늘로 올라가셨고 곧 다시 오실 것입니다. 이러한 예수님의 십자가 속량의 은혜를 믿는 사람은 의와 성령 충만, 건강과 부요, 지혜와 평화와 생명을 선물로 받아 누리게 됩니다.

이것을 성경에서는 세 가지로 표현합니다. "주 예수 그리스도의 은혜와 하나님의 사랑과 성령의 교통하심이 너희 무리와 함께 있을

지어다."(고후 13:13) 이 모든 것은 인간의 믿음으로는 절대로 안 믿어집니다. 오직 성령님의 믿음으로만 믿어집니다.

그래서 우리가 예수를 구주로 믿을 때, 성령님께서 성령님 자신의 믿음을 선물로 나눠주시는 것입니다. 내가 믿는 것처럼 보여도 내가 믿는 것이 아닙니다. 당신이 전도자를 통해 복음을 듣는 순간, 믿겠다고 선택할 때 성령님이 그분의 믿음을 숨처럼 훅 불어 넣어주시는 것입니다. 인간은 자유의지로 '믿겠다고 선택'할 뿐이며, 믿음을 주시는 분은 성령님이십니다. 그러므로 당신이 예수를 구주로 믿고 성령으로 거듭나게 된 것은 성령님이 선물로 주신 그분의 믿음이 당신 안에 가득히 들어왔기 때문입니다. 당신은 외칩니다.

"와, 믿어진다. 믿어져. 성경이 믿어지고 예수님이 믿어진다. 하나님이 믿어지고 성령님이 믿어진다. 창세기부터 요한계시록까지 성경 말씀이 다 믿어진다. 저절로 믿어진다. 너무 신기하다."

이것이 '절대 긍정의 믿음'입니다. 또한 '초자연적인 믿음'이고 '성령님의 믿음'입니다. 하나님의 존재와 성경 말씀이 다 믿어지며 1도 의심하지 않는 믿음입니다. 이런 엄청난 믿음을 당신은 성령님께 선물로 받았고 이 믿음이 지금 당신 안에 가득히 있습니다.

당신은 지금 죽어도 천국에 간다고 확신하고 있으며, 천국의 아름답고 빛나고 황홀한 광경이 눈에 선히 보일 정도로 믿어집니다.

당신은 이 땅의 생을 마감하는 순간 반드시 천국에 갈 것입니다.

나는 이것을 '이민 간다'고 표현합니다. 죽음은 사망이 아닙니다.

이 세상보다 억만 배나 더 좋은 천국으로 이민 가는 것입니다.

그렇다면 이 땅에서는 비참한 인생을 살아야 할까요?

아닙니다. 비옥한 인생을 살아야 합니다. 큰 믿음을 가지고 있지만 어떻게 사용하는지 몰라 이 땅에서 비옥한 인생이 아닌 비참한 인생을 사는 사람들이 많습니다. 참으로 안타까운 일입니다.

하나님의 뜻은 죽어서 천국에 가서만 아니라 이 땅에서도 비옥한 인생을 살기 원하십니다. 성경에 나오는 인물들이 그랬습니다.

선지자로서 왕들과 관원들, 백성들에게 복음을 전하다 박해를 받고 죽은 사람들 외에는 모두 이 땅에서도 비옥한 삶을 살았습니다.

당신을 향한 하나님의 뜻은 '비참한 삶'이 아닌 '비옥한 삶'입니다. 하나님은 당신이 지옥같이 살다가 천국으로 가는 것이 아닌 천국같이 살다가 천국으로 가길 원하십니다. 이 땅에서 백배의 복을 받아 누리기 원하십니다. 마가복음 10장 30절에 "현세에 있어 집과 형제와 자매와 어머니와 자식과 전토를 백배나 받되 박해를 겸하여 받고 내세에 영생을 받지 못할 자가 없느니라"고 했습니다.

백배의 복을 받은 사람이 성경에 나옵니다. 이삭입니다.

"이삭이 그 땅에서 농사하여 그 해에 백배나 얻었고 여호와께서 복을 주시므로 그 사람이 창대하고 왕성하여 마침내 거부가 되었다."(창 26:12~13)

영혼 구원을 위한 추수를 하든, 먹고 살기 위한 농사를 짓든, 하나님의 말씀을 실천하든 다 그렇습니다. 마가복음 4장 20절을 보면 배가의 복을 약속하셨습니다. "좋은 땅에 뿌려졌다는 것은 곧 말씀을 듣고 받아 삼십 배나 육십 배나 백 배의 결실을 하는 자니라."

많은 사람들이 하나님이 주시는 복을 믿지 않고 마귀가 주는 저주를 믿습니다. '내가 저주 받고 망하면 어떻게 하지?'라고 생각합니다. 그런 것은 귀신이 주는 생각이므로 예수 이름으로 꾸짖고 쫓아내야 합니다. 복을 생각하고 저주를 생각하지 마십시오.

셋째, 절대 긍정의 믿음을 가지십시오.

절대 긍정의 믿음이 무엇일까요? 무엇이든지 기도하고 구하는 것을 받았다고 믿고 마음에 조금도 의심하지 않는 것입니다. 믿음은 생각의 영역이 아닙니다. 마음의 영역입니다. 생각의 영역에서 아무리 머리를 굴리며 복잡하게 계산해도 그 일이 불가능한데 마음의 영역에서는 그냥 쉽게 다 된다고 믿어지는 것입니다.

"오직 믿음으로 구하고 조금도 의심하지 말라."(약 1:6)

예수님은 오직 믿음으로 구하고 찾고 두드리고, 오직 믿음으로 명령하고 마음에 조금도 의심하지 말라고 말씀하셨습니다.

"내가 진실로 너희에게 이르노니 만일 너희가 믿음이 있고 '의심하지 아니하면' 이 무화과나무에게 된 이런 일만 할 뿐 아니라 이 산더러 들려 바다에 던져지라 하여도 될 것이요 너희가 기도할 때에 무엇이든지 믿고 구하는 것은 다 받으리라 하시니라."(마 21:21~22)

기도하고 구한 것을 받았다고 믿고 의심하지 마십시오.

마음에 조금이라도 의심하는 것은 믿음이 아닙니다.

"하나님께 기도하고 구한 지 10년이 지났는데 변화가 없어요."

그래도 의심하지 말아야 합니다. 나는 백년과 천년을 통의 한 방울 물처럼 작게 여깁니다. 사랑의 첫째는 "오래 참고"입니다. 오래 참는 것은 어렵지 않습니다. 쉽습니다. 10년, 20년 기다리는 걸 크게 생각하니까 어려운 것입니다. 세월은 큰 것이 아닙니다.

성령님이 크신 분입니다. 성령님께는 천년이 하루와 같습니다.

시편 기자는 "주의 목전에는 천년이 지나간 어제 같으며 밤의 한 순간 같을 뿐임이니이다"(시편 90:4)라고 했고 베드로는 "사랑하는 자들아, 주께는 하루가 천년 같고 천년이 하루 같다는 이 한 가지를 잊지 말라"(벧후 3:8)고 했습니다. 진실로 그렇습니다.

"그래도 10년, 20년 기다리는 것이 너무 힘들어요. 지쳤어요."

생각을 바꾸면 쉽습니다. 부정적인 믿음을 버리고 긍정적인 믿음을 가지십시오. 나는 성령님의 믿음과 함께 성령님의 마음을 갖고 있기 때문에 오래 참고 기다리는 것이 조금도 어렵지 않고 쉽습니다. 내가 기도하고 구한 것은 시간과 공간을 초월해서 성령 안에서 이미 다 받았다고 믿습니다. 그래서 늘 행복한 마음으로 날마다 덩실덩실 춤추며 그것이 나타나기를 기다립니다.

'성령님의 믿음'을 가진 사람은 '성령님의 소망'과 '성령님의 사랑'도 함께 갖고 있습니다. 바울은 고린도전서 13장에서 "믿음과 소망과 사랑은 항상 있다. 그 중에 제일은 사랑이라"고 했습니다. 여기서 말하는 믿음과 소망과 사랑은 인간의 육신적인 믿음과 소망과 사랑이 아닙니다. 성령님의 믿음과 소망과 사랑입니다.

당신은 성령님의 믿음과 소망과 사랑을 갖고 있습니다. 그러므로 "백년과 천년을 기다리는 것은 통의 한 방울 물과 같고 쉽다"고 말해야 합니다. 꿈과 소원을 가지고 기도했으면 받았다고 믿으십시오.

"그래도 나는 육신을 갖고 있는 인간이니까 어쩔 수 없어요."

그것은 육신의 생각입니다. 육신의 생각을 하지 말고 영의 생각을 하십시오. 육신의 생각은 하나님과 원수가 됩니다. 육신의 생각은 하나님을 기쁘시게 할 수 없습니다. 육신의 생각은 사망입니다.

나는 육신의 생각을 하지 않습니다. 어떻게 그것이 가능할까요?

매일 아침 이렇게 말씀드리며 도움을 구하면 됩니다.

"성령님, 오늘도 육신의 생각을 하지 않게 해주세요."

그러면 성령님께서 육신의 생각이 떠오르지 않게 해주십니다. 내가 경험한 바로는 이것이 가장 좋은 방법입니다. 육신의 생각이 떠오른 후에 그것과 싸운다고 진을 뺄 필요가 없습니다. 영의 생각을 따라 사십시오. 영의 눈으로 성령님을 바라보십시오.

갈라디아서 6장 9절에 "우리가 선을 행하되 낙심하지 말지니 포기하지 아니하면 때가 이르매 거두리라"고 했습니다. '포기하지 않는다'는 말을 다른 번역에는 '피곤하지 않으면'이라고 나옵니다.

나는 기다리는데 있어 중간에 포기하지 않습니다. 오래 기다리는 것이 내게는 조금도 힘들거나 피곤하지 않습니다. 왜 그럴까요?

우주 만물을 창조하신 크신 성령님을 앙망하기 때문입니다.

"오직 여호와를 앙망하는 자는 새 힘을 얻으리니 독수리가 날개 치며 올라감 같을 것이요 달음박질하여도 곤비하지 아니하겠고 걸어가도 피곤하지 아니하리로다."(사 40:31)

성령님은 내가 생각하는 것보다 억만 배나 크신 분입니다.

그분은 수억 개의 은하수를 손가락으로 만드신 분입니다. 그분에 비해 열방을 향한 꿈과 소원, 그것이 이루어지기 위한 때와 기한은 모두 통의 한 방울 물과 같이 작습니다. 그래서 나는 아침에 눈을 뜨면 침대에 걸터앉아 미소를 지으며 성령님께 인사합니다.

"성령님, 사랑합니다. 감사합니다. 행복합니다. 오늘도 거룩한 삶을 살게 해주세요. 인도해 주세요. 가르쳐 주세요. 치유해 주세요. 코치해 주세요. 만져 주세요. 도와주세요. 성령님께는 열방이 통의 한 방울 물과 같다고 했습니다. 제 모든 꿈과 소원이 성령 안에서 다 이루어졌음을 믿고 감사드립니다. 저는 시간과 공간을 초월해서 이미 다 받았습니다. 그 모든 것을 제 손에 가지고 있습니다. 저는 그것을 만질 수 있습니다. 그 모든 것은 통의 한 방울 물과 같이 작기 때문에 제 마음을 두지 않습니다. 오직 성령님만 사랑합니다."

당신도 절대 긍정의 믿음을 갖고 행복하게 살기 바랍니다.

"칭찬은 고래도 춤추게 한다"는 말이 있습니다.

절대 긍정의 믿음은 성령님을 덩실덩실 춤추게 합니다.

의심은 그분을 슬프게 하고 근심하게 하고 마음이 상하게 합니다. 제발 성령님을 슬프게 하거나 근심시키지 마십시오.

"믿음이 없이는 하나님을 기쁘시게 하지 못하나니 하나님께 나아가는 자는 반드시 그가 계신 것과 또한 그가 자기를 찾는 자들에게 상 주시는 이심을 믿어야 할지니라."(히 11:6)

여기서 우리는 두 가지를 믿어야 합니다.

첫째는 하나님이 실제로 계신다는 것입니다.

둘째는 그가 자기를 찾는 자들에게 상 주신다는 것입니다.

안타깝게도 둘 중에 한 가지만 믿는 사람들이 많습니다.

둘 다 조금도 의심하지 말고 믿어야 합니다.

믿음이 없이는 하나님을 1도 기쁘시게 할 수 없습니다.

믿음이 있으면 하나님을 폭발적으로 기쁘시게 할 수 있습니다.

믿기만 하면 그분은 어깨를 덩실거리며 춤추실 것입니다.

그리고 당신에게 나타나 실제로 상을 주실 것입니다.

이것이 하나님과 동행하는 행복한 삶입니다.

절대 긍정의 믿음을 가지십시오.

2024년 3월 10일

김열방 목사

[ 목차 ]

# 절대 긍정의 믿음으로 기도하라

당신은 기도 응답을 잘 받고 있습니까?

나는 매일 기도 응답을 많이 받고 있습니다. 어제 응답하신 하나님은 오늘 더 많은 응답을 주십니다. 하나님은 부요하신 분입니다.

## 절대 긍정의 믿음을 가지라

기도 응답을 받으려면 부정적인 생각과 말을 하지 말아야 합니다. 성경에는 "기도하고 구했으면 받았다고 믿어라. 그리고 마음에 조금도 의심하지 않으면 너희가 명령한 그 산이 옮겨진다"고 말씀합니다. 부정적인 믿음을 버리고 절대 긍정의 믿음을 가지십시오.

그러면 응답이 쏟아집니다. 성령님께 도움을 구하십시오.

"성령님, 부정적인 것은 보지도 듣지도 말하지도 않게 해주세요."

많은 사람들이 부정적인 생각에 발목이 잡혀 하나님이 주시는 복을 놓치고 있습니다. 성경을 바로 깨닫고 부정적인 생각을 버리면 하나님께 복을 받는 것은 어렵지 않습니다. 쉽고 간단합니다.

하나님은 말씀 한 마디로 수억 개의 은하수를 만드셨습니다.

그분은 말씀 한 마디로 '창조적인 복'을 주십니다.

우리가 믿는 하나님 아버지는 크고 놀라우신 분입니다.

오늘부터 절대 긍정의 믿음을 가지기 바랍니다.


## 무에서 유를 창조하시는 하나님을 믿으라

당신은 어떤 하나님을 믿습니까?

나는 '무에서 유를 창조하시는 하나님'을 믿습니다.

나는 20세에 길을 걷다가 성령을 체험한 후부터 지금까지 이렇게 기도해 왔는데, 이것은 내가 믿는 하나님에 대한 고백입니다.

"나의 하나님 여호와여, 오늘도 기적을 베풀어 주세요. 없는 것을 있는 것처럼 불러내시며, 안 되는 것을 되게 하시며, 바랄 수 없는 중에 바라게 하시며, 죽은 자를 살리시는 하나님을 믿습니다."

그런데 실제로 하나님은 그렇게 응답해 주셨습니다.

"무에서 유를 창조하시는 하나님."

당신도 이런 창조주 하나님이 당신 안에 계심을 믿기 바랍니다.

이것이 곧 아브라함의 믿음이었습니다.

"기록된 바 내가 너를 많은 민족의 조상으로 세웠다 하심과 같으니 그가 믿은 바 하나님은 죽은 자를 살리시며 없는 것을 있는 것으로 부르시는 이시니라. 아브라함이 바랄 수 없는 중에 바라고 믿었으니 이는 네 후손이 이같으리라 하신 말씀대로 많은 민족의 조상이 되게 하려 하심이라."(롬 4:17~18)

바랄 수 없는 중에 바라는 것이 믿음입니다.

당신도 바랄 수 없는 중에 바라십시오.


## 성령님, 최고의 삶을 살게 해주세요

당신은 항상 최고의 것을 구하고 받아 누립니까?

성경에 나오는 믿음의 사람들 곧 아브라함, 이삭, 야곱, 요셉, 모세, 여호수아, 다윗, 솔로몬, 욥 등은 항상 하나님께 최고의 것을 그것도 조금이 아닌 풍성히 구하고 받아 누렸습니다.

기도 응답을 받더라도 밑바닥의 위치에서 허접한 것을 받지 말고 일류의 위치에서 최고의 것을 받아 누려야 합니다.

우리가 정말로 날마다 기도 응답의 기적을 경험하며 밑바닥 삶이 아닌 일류의 삶을 살 수 있을까요? 충분히 가능합니다.

그 방법은 곧 '믿음의 원점'을 성경 말씀에 근거해 일류로 설정한 다음 최고의 것을 하나님께 구하고 받아 누리는 것입니다. 그리고 그 수준을 항상 유지하도록 성령님께 도움을 구하면 됩니다. 그러면 매번 그 원점대로 자동으로 돌아가 평생 일류로 살게 됩니다.

생각과 믿음, 건강과 재정에 있어서도 최고를 구하십시오.

"성령님, 제가 최고의 원점을 유지하게 해주세요."

당신도 원점을 높게 정하고 구하십시오. 사역할 때 기름 부음이 만배로 나타나게 해 달라고 구하십시오. 성령님은 당신이 강물 같은 기름 부음을 나타내며 열방을 향해 복음을 전하기 원하십니다.

"너희는 온 천하에 다니며 만민에게 복음을 전파하라."(막 16:15)


## 의성건부지평생의 원점을 정하라

인생은 원점을 정한 대로 자동으로 됩니다.

'죄목병가어징죽' 곧 죄와 목마름, 병과 가난, 어리석음과 징계와 죽음으로 원점을 정하지 말고 '의성건부지평생' 곧 의와 성령 충만, 건강과 부요, 지혜와 평화와 생명으로 원점을 정하십시오.

그리스도 안에서 '절대 긍정의 믿음'으로 원점을 정하십시오.

나는 자동차 기름의 원점을 '가득'으로 정해 놓습니다.

"그러면 차가 무거워지고 달릴 때 기름을 많이 먹을 텐데요."

나는 그런 것을 상관치 않습니다. 그랜저를 탈 때는 연비를 신경 썼지만 벤츠를 타면서부터는 연비와 상관없이 편한 마음으로 탑니다. 그만큼 부요해졌습니다. 내 차에는 기름을 항상 가득 채워 놓습니다. 기름 게이지 원점이 '가득'(F)이기 때문입니다.

무엇이든 종류별로 높은 원점을 정해 놓으십시오. 그리고 "자동으로 이 원점이 된다"고 말하십시오. 그러면 기적이 일어납니다.

마이너스 인생에서 플러스 인생으로 재정의 기류를 바꾸어 달라고 성령님께 도움을 구하십시오. 그러면 어느 순간부터 응답이 와서 빚이 하나씩 사라지고 통장에 잔고가 가득하게 됩니다. 지갑도 두툼해져 기분이 좋아집니다. 하나님은 현금을 채우시는 분입니다.

나는 매일 아침 눈을 뜨면 성령님께 도움을 구했습니다.

"성령님, 빚은 다 비우고 현금으로 가득 채워 주세요."

한동안 아무런 변화가 없고 조용했습니다.

6개월이 지난 어느 날부터 응답이 오기 시작했습니다.

마이너스 재정이 플러스 재정으로 기류가 바뀐 것입니다.

나는 성령님께 도움을 구할 때 한두 번 해보고 안 된다며 포기하지 않습니다. 습관을 따라 매일 도움을 구합니다.

"성령님, 도와주세요. 부탁합니다."

그러면 신기하게도 하나씩 다 도와주셨습니다.

그렇게 해서 지금의 내 인생이 만들어진 것입니다.

당신도 매일 성령님께 도움을 구하십시오.

나의 성공 비결이 무엇일까요? 남다른 특별한 재능이나 방법이 있는 것이 아닙니다. 나의 방법은 오직 한 가지 '성령님'입니다.

나는 어떤 문제가 생기면 그것을 해결하겠다고 마음먹고 매일 아침에 성령님께 말씀드리며 구체적으로 도움을 구합니다.

"성령님, 이 문제를 어떻게 하면 될까요? 말씀해 주세요."

그러면 성령님의 세미한 음성이 들립니다.

'아들아, 이렇게 하면 된다.'

## 성령님, 현금 수위를 유지하게 해주세요

당신은 어느 정도의 현금 수위를 유지하고 있습니까?

현금이 많으면 돈을 써야 할 때 당황하지 않고 성령님의 음성을 따라 즉시 순종할 수 있습니다. 성령님이 갑자기 당신의 마음에 '20만 원을 연보하라'고 하실 때 현금이 없으면 어떻게 될까요?

하고 싶어도 할 수 없습니다. 지갑과 통장에 현금이 많아야 합니다. 주님께서 '저 선교사에게 100만 원을 주라'고 말씀하시면 즉시 순종할 수 있을 정도가 되어야 합니다. "100만 원이나요?"

사실 100만 원은 작은 돈입니다. 천만 원, 1억, 10억, 100억도 성령님께는 통의 한 방울 물과 같이 작습니다. 그런 작은 돈 때문에 마음에 부담 갖거나 힘들어하지 말고 크신 하나님께 큰 재정을 구하고 큰 연보와 큰 기부를 마음 편하게 하기 바랍니다.

십일조와 연보, 선교 후원금과 기부금이 부담된다며 주의 종과의 관계를 끊으면 안 됩니다. 성령님께는 1억이든 10억이든 모두 통의 한 방울 물과 같이 작습니다. 그런 연보와 기부를 요청받았을 때 조금도 부담 갖지 말고 그보다 백배로 더 많이 구하십시오.

하나님께 구하면 반드시 응답이 오고 재정이 채워집니다.

그리고 평소에 현금 수위를 높게 유지하기 바랍니다.

왜 현금 수위를 높게 유지해야 할까요?

첫째, 모든 것을 후히 받아 누리려면 현금이 많아야 합니다.

"오직 우리에게 모든 것을 후히 주사 누리게 하시는 하나님"(딤전 6:17)이라고 했습니다. 하나님은 이처럼 부요하신 분이며, 있는 자에게 더 많이 주시는 분입니다. 돈도 있는 사람에게 자석에 붙는 쇠붙이처럼 더 많이 달라붙습니다. 그러므로 "없다, 없다"고 말하지 말고 "있다, 있다"고 말하십시오. 그러면 말대로 됩니다.

둘째, 모든 착한 일을 넘치게 하려면 현금이 많아야 합니다.

하나님은 '모든의 하나님'이며, 모든 착한 일을 넘치게 하도록 현금을 넉넉히 주시는 분입니다. "하나님이 능히 '모든 은혜'를 너희에게 넘치게 하시나니 이는 너희로 '모든 일'에 항상 '모든 것'이 넉넉하여 '모든 착한 일'을 넘치게 하게 하려 하심이라."(고후 9:8)

셋째, 모든 연보를 넉넉하게 하려면 현금이 많아야 합니다.

"너희가 모든 일에 넉넉하여 너그럽게 연보를 함은 그들이 우리로 말미암아 하나님께 감사하게 하는 것이라."(고후 9:11)

이 구절을 보면 연보를 어떻게 해야 할지 알 수 있습니다.

1)모든 사람이 연보해야 합니다. 2)모든 일에 연보해야 합니다. 3)넉넉하게 연보해야 합니다. 4) 너그럽게 연보해야 합니다. 5)하나님께 감사하는 마음을 연보로 표현해야 합니다.

연보하는 것을 부담스럽게 생각하는 사람들이 많습니다.

어떤 사람은 목사님이 연보에 대해 설교하면 벌써 신경이 곤두서고 부정적인 반응을 보이며 교회와 목회자를 마구 비난합니다.

예수 믿은 지 50년이 지나도록 재정의 복을 받지 못하고 너무 가난하고 빠듯하게만 살다 보니까 그렇게 반응하는 것입니다.

이제는 그런 '가난 믿음'을 졸업해야 하지 않을까요? 재정의 복에 대한 긍정적인 믿음을 갖고 하나님께 구하면 연보할 돈을 많이 주십니다. 더 많이 연보하겠다는 꿈과 소원을 갖기 바랍니다.

다윗은 금 십만 달란트 곧 200조 원을 헌금했습니다. 한 달란트가 현 시세로 20억 정도입니다. 우리도 한 달란트 정도는 쉽고 가벼운 마음으로 헌금할 수 있어야 합니다.

크신 하나님께 큰 재정을 구하고 큰 연보를 많이 하기 바랍니다.

1억, 10억, 100억 연보하는 것을 한 방울의 물로 여기십시오.

하나님은 은혜의 하나님이십니다. 그분은 은혜로 당신에게 큰 재정의 복을 주십니다. 인간의 노력에는 한계가 있습니다.

이스라엘 백성들도 430년간 애굽에서 노예 생활하며 죽도록 일했지만 빈손이었는데, 모세를 통해 출애굽 할 때 430년간의 품삯을 하루 만에 다 받아 나오게 되었습니다. 기적이 일어난 것입니다.

"이스라엘 자손이 모세의 말대로 하여 애굽 사람에게 은금 패물과 의복을 구하매 여호와께서 애굽 사람들에게 이스라엘 백성에게 은혜를 입히게 하사 그들이 구하는 대로 주게 하시므로 그들이 애굽 사람의 물품을 취하였더라. 이스라엘 자손이 라암셋을 떠나서 숙곳에 이르니 유아 외에 보행하는 장정이 육십만 가량이요 수많은 잡족과 양과 소와 심히 많은 가축이 그들과 함께 하였으며."(출 12:35~38)

이런 재정의 복이 당신에게도 있기를 바랍니다.


## 한강 수위와 상관없이 비는 내린다

많은 사람들이 하나님에 대해 오해하고 있습니다.

"지금 가진 돈을 다 써야 재정의 복을 받지 않을까요?"

아닙니다. 당신의 지갑에 100만 원이 들어 있어도 더 많은 돈을 주신다고 믿어야 합니다. 천만 원, 1억, 10억, 100억, 더 많은 돈을 벌게 되고 지갑과 통장이 가득 차게 된다고 믿어야 합니다.

하나님은 "가진 걸 다 비우면 다시 조금 줄게"라고 하지 않고 "누르고 흔들어 넘치도록 하여 안겨 주겠다"고 하셨습니다.

"주라, 그리하면 너희에게 줄 것이니 곧 후히 되어 누르고 흔들어 넘치도록 하여 너희에게 안겨 주리라. 너희가 헤아리는 그 헤아림으로 너희도 헤아림을 도로 받을 것이니라."(눅 6:38)

여기에 보면 "주라"고 했지 "비우라"고 하지 않았습니다.

성령님은 당신의 '빚 곳간'은 비우고 '현금 곳간'은 채우시는 분입니다. "나의 하나님이 그리스도 예수 안에서 영광 가운데 그 풍성한 대로 너희 모든 쓸 것을 채우시리라"(빌 4:19)고 했습니다.

한 목사님은 "나는 큰 곳간에 재정을 가득 채우고 그 위로 넘치는 부분만 걷어 쓴다. 그런데도 하나님은 계속 채워 주신다"고 했습니다. 그분은 현금으로만 큰 교회 건물과 수만 평의 땅을 샀습니다.

당신도 재정에 대한 생각을 완전히 바꿔야 합니다.

인생에 일어나는 문제의 대부분이 돈입니다. 언제쯤이면 돈 걱정 없이 살 수 있을까요? 하나님은 당신이 돈 걱정하지 않기를 원하십니다. 돈, 돈, 돈 문제에서 빠져나와 성령님만 바라보기 원하십니다.

당신도 제발 재정에 대한 생각의 수준을 바꾸기 바랍니다. 밑바닥 수준이 아닌 넘침의 수준을 가지십시오. 그러면 그대로 됩니다.

한강 수위와 상관없이 하늘에서 비가 내리는 것처럼 하나님은 있다고 안 주시는 것이 아니라 있는 자에게 더 많이 주십니다.

당신은 1억만 아니라 10억, 100억도 별수도 있습니다.

인생은 믿음대로 다 됩니다. 부정적인 말을 하는 사람은 끊고 멀리하십시오. 절대 긍정의 믿음을 가지십시오. "의인이 믿음으로 살리라"고 했습니다. 오직 믿음으로 살며 크게 생각하십시오.

성령님께는 100억이 통의 한 방울의 물과 같습니다.

"보라, 그에게는 열방이 통의 한 방울 물과 같고 저울의 작은 티끌 같으며 섬들은 떠오르는 먼지 같으니라."(사 40:15)


## 모든 것이 합력하여 선을 이룬다


당신에게 지금 감당하기 어려운 문제가 생겼습니까?

조금도 염려하거나 힘들어하지 마십시오. 하나님은 일초도 늦지 않고 정확하게 당신의 모든 기도에 응답하십니다. 오늘 당장 결제해야 할 돈 문제가 있다고요? 조금도 부담 갖지 마십시오.

어떻게든 성령님께서 다 해결해 주십니다.

나도 그런 돈 문제에 한두 번 부딪힌 것이 아닙니다. 하나님의 일을 하면서 끝도 없는 돈 문제에 부딪혔습니다. 그런 과정을 통해 내 생각이 조금씩 더 커졌습니다. 이제 나는 시간과 공간을 초월해 성령 안에서 이미 다 결제했다고 믿고 덩실덩실 춤을 춥니다.

이 책을 읽는 독자 중에는 "저는 김열방 목사님처럼 덩실덩실 춤출 만큼의 믿음이 안 됩니다"라며 심각한 표정을 짓는 사람이 있을

지도 모릅니다. 나도 내 힘으로 춤추는 것이 아닙니다. 나는 매일 아침 눈 뜨면 침대에 걸터앉아 성령님께 도움을 구합니다.

"성령님, 오늘도 덩실덩실 춤추며 모든 일을 하게 해주세요."

당신도 구체적으로 어떤 삶을 살고 싶은지 공책에 적고 성령님께 도움을 구하십시오. 성령님은 없는 것을 있는 것처럼 불러내시며, 안 되는 것을 되게 하시며, 바랄 수 없는 중에 바라게 하시며, 죽은 자를 살리시는 분입니다. 그분은 기적의 하나님이십니다.

당신이 성령님께 도움을 구하면 하나에서 열까지 다 바뀝니다.

내 인생은 하나부터 열까지 모두 성령님을 통해 아름다운 작품으로 만들어졌습니다. 내 힘으로 한 것이 하나도 없습니다. 하나님은 좋은 것이든 나쁜 것이든 모든 것을 합력하여 선을 이루어 주셨습니다. 로마서 8장 28절에 "우리가 알거니와 하나님을 사랑하는 자 곧 그의 뜻대로 부르심을 입은 자들에게는 모든 것이 합력하여 선을 이루느니라"고 했습니다. 나는 이 말씀을 매일 경험합니다.

당신에게 일어난 나쁜 문제를 통의 한 방울 물처럼 작게 여기고 기뻐 뛰며 춤추십시오. 그러면 더 크고 좋은 일이 일어나 모든 것이 합력하여 선을 이룰 것입니다. 모든 일은 진행 중입니다.

당신의 삶에, 가정과 회사에, 그리고 국가에 오늘도 내일도 더 좋은 일이 많이 생길 것입니다. 크게 생각하십시오. 그러면 마음에 부담이 없고 쉽고 가벼워집니다. 당신은 날마다 더 잘되고 있습니다.

아침에 눈을 뜨면 성령님과 함께 춤추며 기뻐 뛰십시오.

"성령님, 오늘도 춤추며 기뻐 뛰게 해주세요."

육신에서 일어나는 부정적인 생각과 말을 대적하십시오.

"예수 이름으로 명하노니 부정적인 생각을 가져오는 마귀는 물러가라. 어두운 생각을 가져오는 더러운 귀신은 떠나가라."

마귀와 귀신들의 거짓말에 속지 마십시오. 하나님은 당신으로 하여금 모든 것에 모든 것이 넉넉하여 모든 착한 일을 넘치게 하게 하시는 분입니다. 오늘도 내일도 더 좋은 일이 계속 일어나게 하시는 좋은 분입니다. 그분이 주시는 '만배의 복'을 기대하십시오.

"만배라고요? 그런 게 성경에 어디 있나요?"

있습니다. '오병이어 기적'이 바로 그것입니다.

예수님은 지금도 초자연적으로 모든 것을 공급하십니다.

하루는 예수님께서 빈들에 모인 큰 무리에게 복음을 전하고 계셨습니다. 오랜 시간이 지나자 무리는 배가 고팠습니다. 이때 예수님께서는 초자연적인 능력으로 어린 아이가 가져온 빵과 물고기를 만배로 불리셨는데 남자만 5천 명이었고 여자와 노인과 아이들을 합하면 수만 명이 되었습니다. 만배의 기적이 나타난 것입니다.

예수님은 어떻게든 필요한 모든 것을 채우십니다.

[ 예수께서 산에 올라가서 제자들과 함께 앉으셨다. 마침 유대 사람의 명절인 유월절이 가까운 때였다. 예수께서 눈을 들어 큰 무리가 자기에게로 모여드는 것을 보시고 빌립에게 말씀하셨다. "우리가 어디에서 빵을 사다가 이 사람들을 먹이겠느냐?" 예수께서는 빌립을 시험해 보시고자 이렇게 말씀하신 것이었다. 예수께서는 자기가 하실 일을 잘 알고 계셨다. 빌립이 예수께 이렇게 대답했다. "이 사람들에게 모두 조금씩이라도 먹게 하려면 빵 이백 데나리온어치를 가지고도 충분하지 못합니다." 제자 가운데 하나이며 시몬 베드로와 형제

간인 안드레가 예수께 말했다. "여기에 보리빵 다섯 개와 물고기 두 마리를 가지고 있는 한 아이가 있습니다. 그러나 이렇게 많은 사람에게 그것이 무슨 소용이 있겠습니까?" 예수께서는 "사람들을 앉게 하라"고 말씀하셨다. 그 곳에는 풀이 많았다. 그래서 그들이 앉았는데 남자의 수가 오천 명쯤 되었다. 예수께서 빵을 들어 감사를 드리신 다음에, 앉은 사람들에게 나누어주시고 물고기도 그와 같이 해서 그들이 원하는 대로 주셨다. 그들이 배불리 먹은 뒤에 예수께서 제자들에게 이렇게 말씀하셨다. "남은 부스러기를 다 모으고 조금도 버리지 마라." 그래서 보리빵 다섯 덩이에서 먹고 남은 부스러기를 모으니 열두 광주리에 가득 찼다. (요 6:3~13) ]

예수 그리스도는 어제나 오늘이나 영원토록 동일하십니다.

오늘날도 이런 기적이 실제로 일어납니다.


## 수입의 절반을 기부와 헌금에 써도 넘친다

당신은 기부와 헌금에 대한 소원이 있습니까?

나는 수천억 원을 기부하고 헌금하겠다는 소원이 있습니다.

미국에 실제로 수천억 원의 십일조와 수조 원의 기부를 한 폴 마이어라는 사업가가 있습니다. 그는 청년 시절 매우 가난했고 취업 면접에만 57번이나 떨어졌지만 기죽지 않았고 반드시 성공하겠다고 마음먹었습니다. 결국 그는 27세에 백만장자가 되었고 나중에는 세계적인 억만장자가 되었습니다. 그는 현재 교육, 컴퓨터 소프트

웨어, 금융, 부동산, 인쇄, 제조, 항공 등 35개 회사를 운영하고 있는데, 자신의 책과 다양한 성공 프로그램을 통해 2조 원이 넘는 수입을 얻고 있습니다. 그는 "반드시 십일조를 챙겨 하나님께 드리고 모든 수익의 50퍼센트를 기부한다"는 원칙을 평생 지키며 살고 있습니다. 이를 위해 오전에는 열심히 일해서 돈을 벌고 오후에는 돈이 필요한 사람이나 단체를 찾아가 돈을 나눠주고 저녁이 되면 집에 돌아와 더 큰 돈을 벌 지혜를 하나님께 구합니다. 그리고 자신이 쓴 책과 프로그램을 통해 사람들에게 돈 버는 지혜를 가르칩니다.

그는 믿음의 기도에 대해 이렇게 말했습니다.

"당신이 원하는 것이 무엇인지 정확하게 알고 그것을 목적지로 설정하라. 높은 원점을 설정해 놓으면 진짜 그대로 된다."

성공하려는 많은 청년들이 그에게 와서 도움을 구했습니다.

그때마다 그는 그들에게 벤츠 옆에 가서 사진을 찍게 하고 "이 사진에 나오는 모습이 자네의 진짜 모습이라네, 자네는 이미 벤츠의 오너가 되었어. 그렇게 된 줄 믿고 마음에 조금도 의심하지 말게. 그러면 진짜 그렇게 될 걸세"라고 일러 주곤 했습니다.

놀랍게도 그렇게 믿고 말한 사람들은 다들 크게 성공했습니다.

그는 또 이렇게 말했습니다.

"당신이 한 번 생각하고 말한 것은 시간과 공간을 초월해 이미 가졌다고 믿어라. 그렇게 되었다고 믿어라. 그러면 기적이 일어나 실제로 그렇게 된다. 믿음은 바라는 것들의 실상이다."

그렇습니다. 인생은 목표를 설정하고 자기 힘으로 죽도록 노력해야 성공하는 것이 아닙니다. 최종 목적지를 설정하고 받았다고 믿으면 '자동 목적 달성 장치'가 가동되어 저절로 이루어집니다.

비행기가 자동으로 목적지까지 날아가는 것과 같습니다.

과학이 발달할수록 모든 것이 자동화됩니다. 하나님도 자동화를 좋아하십니다. 지금도 그분이 정하신 대로 만물이 사시사철 자동으로 돌아가고 있습니다. 자동으로 해와 달과 별이 움직입니다.

당신도 하나씩 자동화하기 바랍니다. 수입과 저축, 연보와 기부도 모두 자동화하십시오. 이것이 저절로 잘되는 인생입니다.


## 받았다고 믿고 덩실덩실 춤추며 살라

어떻게 하면 기도 응답을 쉽게 받을 수 있을까요?

'미래 소유형 믿음'이 아닌 '현재 소유형 믿음'을 가져야 합니다.

미래 소유형 믿음은 모든 것을 막연한 미래로 던집니다. 그에 비해 현재 소유형 믿음은 미래를 내 손바닥 안에 가져와서 그것을 두 눈으로 똑똑히 보는 것입니다. 믿음은 바라는 것들의 실상입니다.

꿈과 소원 목록을 적은 후에 현재 소유형으로 생각하고 말하면 하나님이 당신에게 그것을 얻을 수 있는 능력을 주십니다.

어떤 일이든 끝에서부터 시작하십시오. 자동차를 사려고 할 때 꼭 단계를 차근차근 거쳐 50년 후에 벤츠를 사야 하는 것이 아닙니다. 하나님께 있어 벤츠는 통의 한 방울 물과 같습니다. 하나님이 도와주시면 손가락 하나 까닥해도 벤츠를 살 수 있습니다.

수백만 대를 제작해서 판매하는 벤츠 회사에 있어 벤츠 한 대는 통의 한 방울 물과 같이 작습니다. 벤츠 회사는 통과 같고 벤츠를 사는 고객은 한 방울의 물과 같은 것입니다. 전 세계에는 벤츠를 타는 사람들이 수백만 명이나 됩니다. 당신이 벤츠를 타겠다는 것은 결코 큰 꿈이나 막연한 것이 아닙니다. 작은 소원에 불과합니다.

모든 일이 이와 같습니다. 크게 생각하면 쉽습니다.


## 받았다고 믿으면 쉽게 이루어진다

지금 당신에게 가장 큰 문제는 무엇입니까?

그것이 돈이든 공부든 방법만 알면 다 쉽습니다. 나는 "세상에 어려운 일은 하나도 없다"고 입버릇처럼 말합니다. 왜 그럴까요?

전능하신 성령님께 도움을 구하기만 하면 그분이 실제적인 힘과 지혜로 그 일을 쉽게 해낼 수 있도록 도와주시기 때문입니다.

20대에 나는 친구와 함께 대학원에 입학하기 위해 시험공부를 시작했습니다. 대학교 도서관에서 공부했는데 그 친구는 이미 공부를 많이 한 상태였습니다. 그는 많은 자료를 산더미처럼 쌓아 놓고 열심히 공부했지만 안타깝게도 시험 칠 때마다 떨어졌습니다.

왜 그럴까요? 목표를 설정해서 열심히 공부하고, 잠 안 자고 공부하고, 나보다 더 많은 책을 쌓아 놓고 공부했는데 왜 자꾸 시험에 떨어질까요? 달달 다 외우는데 시험만 치면 떨어졌습니다. '목표 설정'이 아닙니다. 나는 '목적지 설정'을 했습니다. 쉬는 시간에 복도에 나와 잠깐 이야기를 나누어 보면 그는 불안해했습니다.

"너 이번 시험 어떻게 생각해? 합격할 것 같니?"

"아니, 난 불안해. 지난번에 떨어졌는데 또 떨어질 것 같아."

그 친구는 내게 물었습니다.

"너 이 책 외웠니? 이 책은 공부했니? 이 문제집은 풀어 봤니? 나는 다 몇 번씩 공부했어. 그래도 마음이 편하지 않아. 넌?"

"아니, 난 아직 공부 안 했는데……."

그 친구는 목표를 설정하고 문제집을 다 풀고 교재와 참고서를 달달 외웠습니다. 온갖 방대한 자료를 깊이 연구했습니다. 정말 열심히 공부하는 성실한 학생이었습니다. 하지만 나는 비행기를 탄 사람처럼 평온한 마음으로 내가 원하는 목적지를 설정하고 시간과 공간을 초월해 성령 안에서 이미 잘 도착했다고 믿었습니다.

"합격했음, 감사합니다."

그리고 일주일간 신앙 서적을 몇 권 구입해서 재미있게 읽었고 또 일주일간 시험에 꼭 나올 내용만 뽑아 미친 듯이 외우며 공부했습니다. 그런데 그 친구는 시험에 떨어지고 나는 붙었습니다.

신기합니다. 사실 시험 치기 며칠 전에 나는 꿈을 꾸었습니다.

대학원 합격자 발표 명단이 게시판에 붙어 있었는데 아무리 찾아도 내 이름이 없었던 것입니다. '나는 떨어졌구나'라는 생각이 들었습니다. 그래도 나는 그 꿈을 믿지 않고 오직 '주의 말씀'을 믿었습니다. 꿈보다 주의 말씀이 억만 배나 더 큽니다.

그때 내가 붙든 말씀은 바로 이것이었습니다.

"복 있는 사람은 그 행사가 다 형통하리로다."(시 1:3)

꿈은 잠잘 때 침대에서 꾸는 것이 아닙니다. 눈뜨고 움직이면서

꾸는 것입니다. 나는 날마다 눈뜨고 길을 걸으면서 꿈을 꿉니다.

무슨 꿈을 꿀까요? '현재 소유형 꿈'입니다.

당신도 현재 소유형의 꿈을 꾸기 바랍니다.


## 눈뜨고 꿈꾸라. 인생은 꿈대로 다 된다

잠잘 때 꿈꾸는 것은 대부분 더러운 꿈, 쓰레기 꿈입니다.

잠자는 동안 마음에 쌓인 더러운 생각과 쓰레기 이미지를 꿈을 통해 배출하기 때문입니다. 성경 인물들을 보면, 성령님이 주시는 계시적인 꿈은 평생 몇 번 밖에 되지 않습니다.

성령이 임한 사람은 눈 뜨고 꿈꿉니다. 하루 종일 꿈꾸며 삽니다.

내가 그렇게 꿈꾼 것들이 계속 이루어지고 있습니다.

인생은 꿈대로 믿음대로 다 됩니다.

# 절대 긍정의 믿음으로 은사를 사용하라

당신은 하나님께 날마다 복을 받고 있습니까?

나는 하나님이 약속하신 "내가 반드시 너를 복주고 복주며 너를 번성케 하고 번성케 하리라"(히 6:14)는 말씀을 믿고 지금까지 앞만 보며 달려왔습니다. 그 결과 많은 복을 받았습니다. 사람들은 말합니다. "많은 복을 받는 것이 뭐 그리 중요한가요? 별거 아니에요."

그렇지 않습니다. 하나님 아버지가 은혜로 주시는 복에 대한 '절대 긍정의 믿음'을 가져야 합니다. 그래야 큰 복을 받습니다.

복은 곧 기도 응답을 말합니다. 부정적인 생각이나 의심하는 마음을 가지면 기도 응답을 하나도 못 받습니다. 오직 믿음으로 구하고 조금도 의심하지 말라고 했습니다. "오직 믿음으로 구하고 조금도 의심하지 말라. 의심하는 자는 마치 바람에 밀려 요동하는 바다

물결 같으니 이런 사람은 무엇이든지 주께 얻기를 생각하지 말라. 두 마음을 품어 모든 일에 정함이 없는 자로다."(약 1:6~8)


## 현세에서도 많은 복을 받는 것이 아버지의 뜻이다

당신이 그리스도 안에 있다면 하나님의 자녀입니다.

하나님의 자녀는 이 땅에서도 많은 복을 받아 누려야 합니다.

하나님의 뜻은 그분의 자녀가 이 땅에서 비참한 삶이 아닌 비옥한 삶을 사는 것입니다. 오직 비옥한 삶만 믿고 기대하십시오.

많은 사람들이 예수 믿으면 죽어서 천국 간다는 사실은 믿으면서도 이 땅에서도 큰 복을 받는다는 사실은 좀처럼 인정하지 않으려고 합니다. 그런 말을 들으면 화를 내며 이렇게 반응합니다.

"중국이나 북한, 아프리카 오지에서 복음을 전하다가 온갖 박해를 받고 순교하면 그만이야. 이 땅에서는 아무것도 필요 없어."

그렇지 않습니다. 예수님은 분명히 마가복음 10장 30절에 "현세에 있어 집과 형제와 자매와 어머니와 자식과 전토를 백배나 받되 박해를 겸하여 받고 내세에 영생을 받지 못할 자가 없느니라"고 약속하셨습니다. 이것이 진리입니다. 진리는 변하지 않는 것입니다.

"내가 배운 신학과 지금까지 알고 있던 생각과는 다른데요."

그러면 당신의 신학과 생각을 바꿔야 합니다. 당신은 종이고 예수님은 주인이십니다. 주인과 생각이 다르면 종이 바꿔야 하는 것입니다. 예수님은 그분의 말씀과 생각을 바꿀 의향이 없으십니다.

성경에는 여러 배, 30배, 60배, 백배, 천배, 만배의 복이 나옵니다. 당신도 얼마든지 백배, 천배, 만배의 복을 받을 수 있습니다.

〈백배축복비결〉과 〈천배축복비결〉에 대해서는 이미 출간된 두 권의 책을 읽어보기 바랍니다. 이 장에서는 '만배축복비결'에 대해 이야기하고자 합니다. 만배의 복을 받는 비결은 무엇일까요?

그것은 곧 자신이 '하나님께 받은 은사'로 일하는 것입니다.

다른 사람의 은사를 부러워하며 시기하고 흉내 내면 절대로 하나님께 복을 받을 수 없습니다. 나도 그동안 내게 주신 은사를 따라 일해 왔고 그 결과로 백배, 천배, 만배의 복을 받았습니다.

당신도 이 책을 읽으면 그렇게 될 것입니다. 쉽습니다.


## 하나님께 만배의 복을 받는 것은 쉽다

"만배의 복이라고요? 진짜로 그런 복이 있나요?"

네, 있습니다. 성경에 '천천과 만만으로 번성하며'라는 표현이 나오는데 이것이 바로 만배의 복입니다. 성경을 자세히 보십시오.

"우리의 곳간에는 백곡이 가득하며 우리의 양은 들에서 '천천과 만만으로 번성하며' 우리 수소는 무겁게 실었으며 또 우리를 침노하는 일이나 우리가 나아가 막는 일이 없으며 우리 거리에는 슬피 부르짖음이 없을진대 이러한 백성은 복이 있나니 여호와를 자기 하나님으로 삼는 백성은 복이 있도다."(시 144:13~15)

만배의 복이라고 해서 그리 대단한 것은 아닙니다.

만배의 복은 성령님께 통의 한 방울 물과 같이 작습니다.

만배의 복을 받는 것은 쉽고 간단합니다. 예를 들어볼까요?

당신이 약간의 시간과 비용을 투자해서 책을 한 권 써냈는데 그 책이 만 명의 사람에게 읽혀지면 만배의 복을 받은 것입니다.

내가 쓴 책을 통해서도 그동안 수십만 명이 변화되었습니다.

하나님은 각 사람에게 맡긴 '그 달란트'에 대해서만 결과물을 찾으십니다. 달란트 비유를 보면, 주인이 종들에게 각각 그 사람의 능력에 따라 다른 분량의 달란트 곧 '재능'을 주었다고 말합니다.

"어떤 사람이 여행을 떠나면서 자기 종들을 불러 자기의 재산을 그들에게 맡겼다. 그는 각 사람의 능력을 따라 한 사람에게는 다섯 달란트를 주고, 또 한 사람에게는 두 달란트를 주고, 또 다른 한 사람에게는 한 달란트를 주고 떠났다. 다섯 달란트를 받은 사람은 곧 가서 그것으로 장사를 하여 다섯 달란트를 더 벌었다."(마 25:14~16)

금 한 달란트는 현 시세로 20억입니다. 두 달란트는 40억, 다섯 달란트는 100억인데, 두 종은 그걸로 장사해서 배로 남겼습니다.

한 달란트 받은 사람은 그것을 땅에 묻어 두었습니다. 당신도 혹시 하나님께 받은 달란트를 땅에 묻어 두고 있지 않습니까? 즉시 일어나 그걸 꺼내 장사해야 합니다. 그리고 배로 남겨야 합니다.

"내가 받은 달란트는 작고 별로 중요하지도 않아. 다른 사람이 받은 저 달란트가 크고 대단해 보여. 저 사람이 부러워 죽겠네."

그런 생각은 악한 것입니다. "주인이 각 사람의 능력에 따라 달란트를 맡겼다"는 말씀대로 하나님이 당신을 정확하게 알고 당신에게 꼭 필요한 달란트를 주셨습니다. 그걸 소중히 여겨야 합니다.

당신도 당신 자신을 잘 모릅니다. 부모 형제, 친척 친구도 잘 모릅니다. 하지만 성령님은 당신을 지으신 하나님이시므로 당신을 가장 잘 아십니다. 성령님이 그분의 뜻대로 당신에게 귀한 달란트를 나누어 주셨습니다. "이 모든 일은 같은 한 성령이 행하사 '그의 뜻대로' 각 사람에게 나누어 주시는 것이니라."(고전 12:11)

나도 내게 주신 은사를 가볍게 여긴 적이 있습니다. 그리고 다른 사람에게 주신 은사를 부러워하고 그것을 구하고 찾고 두드리느라 많은 시간과 비용을 낭비하기도 했습니다. 지금은 깨닫고 회개했습니다. 하나님이 내 안에 주신 은사를 소중하게 여기며 그것을 잘 활용하여 30배, 60배, 100배, 천배, 만배를 거두었습니다.

은사뿐만 아니라 재능도 그렇습니다. 재능은 '어떤 일을 하는데 필요한 타고난 재주와 능력'을 말합니다. 하나님이 당신에게 주신 타고난 재능을 발견하고 훈련하므로 극대화하십시오. 그러면 겨자씨 같이 작은 재능이 점점 자라서 큰 나무가 될 것입니다. 어떤 것이든 처음부터 열매로 주어지지 않습니다. 씨앗으로 주어집니다.

예수님께서 말씀하셨습니다.

"하나님의 나라가 무엇과 같을까? 내가 무엇으로 비교할까? 마치 사람이 자기 채소밭에 갖다 심은 겨자씨 한 알 같으니 자라 나무가 되어 공중의 새들이 그 가지에 깃들였느니라."(눅 13:18~19)

## 겨자씨 같은 재능이 자라서 큰 나무가 된다

당신은 어떤 재능이 있습니까?

내게는 좀 독특한 재능이 있는데 곧 '책을 써내는 것'입니다.

나는 책 쓰는 재능이 그렇게 귀한지 몰랐습니다. 나는 20대에 그동안 품었던 책 쓰기의 꿈을 이뤄 두 권의 책을 출간했습니다.

어느 날 한 목사님이 내게 찾아와서 이런 말을 했습니다.

"김열방 목사님은 독특한 재능을 받았습니다. 아무나 할 수 없는 독특한 재능입니다. 정말 귀한 재능입니다."

나는 놀라며 물었습니다.

"어떤 재능인가요?"

"책 쓰는 재능입니다."

"누구나 책을 쓰는 거 아닌가요?"

"아닙니다. 김열방 목사님이 쓴 책은 독특합니다."

"아, 그렇군요."

독특하다는 말이 무슨 뜻인가 해서 사전을 찾아보았는데 '다른 사람과 비교할 수 없을 정도로 놀랍고 대단하다. 독보적이면서 특별하다'는 뜻이 있었습니다. 내가 받은 재능이 왜 독특할까요?

내 책에 천재적인 기름 부음이 흐르기 때문입니다.

내 책을 읽은 사람들은 이구동성으로 이렇게 말했습니다.

"김열방 목사님의 책은 유명한 사람들의 명언이나 예화, 잡다한 사례나 신문 잡지 기사들, 그리고 다른 사람들의 책에서 인용한 좋은 문구들이 거의 없습니다. 어떤 분은 책을 쓸 때 남의 책에서 많은 인용을 하고 사례를 짜깁기해서 넣는데 김열방 목사님은 그냥 목사님의 삶과 깨달음을 듬뿍 담아서 책을 냅니다."

나는 그렇게 생각해 본 적이 없었는데, 가만 보니 정말 그랬습니다. 내 삶과 깨달음을 계속 책에 담아내는 것이었습니다. 매일 하나님과 함께 숨 쉬며 동행하는 내 삶의 이야기는 풍성하고 또 성경 말씀을 깨닫고 논리 정연하게 정리해서 담아내는 것도 풍성합니다.

나는 책 쓰기를 통해 '말씀 사역'을 합니다. 내가 쓴 책이 내 대신 전국과 세계를 다니며 전도하고 선교하고 강연하고 부흥회를 인도합니다. 내 책이 전도자이고 선교사이고 교수이고 부흥사입니다.

나는 이런 저술 사역이 너무나 만족스럽고 행복합니다.

## 당신에게 주신 은사를 소중히 여기라

바울은 믿음의 아들 디모데에게 말했습니다.

"네가 네 자신과 가르침을 살펴 이 일을 계속하라. 이것을 행함으로 네 자신과 네게 듣는 자를 구원하리라."(딤전 4:16)

디모데는 자신이 받은 '말씀을 전하는 은사'를 가볍게 여기고 그 일을 멈추었습니다. 그는 자신의 삶과 자신의 가르침에 대해 해변에 쌓인 모래알처럼 아무 가치 없는 하찮은 것이라고 여겼습니다.

바울은 그런 디모데에게 "네 자신의 삶과 가르침은 모래알처럼 하찮은 것이 아니라 그 속에서 발견되는 금싸라기와 같이 귀한 것이다. 그것을 소중하게 여기고 계속 사용하라"고 한 것입니다.

바울은 "네 속에 있는 은사를 방치하지 마라"고 했습니다.

"네 속에 있는 은사 곧 장로의 회에서 안수 받을 때에 예언을 통하여 받은 것을 가볍게 여기지 말며 이 모든 일에 전심전력하여 너의 성숙함을 모든 사람에게 나타나게 하라. 네가 네 자신과 가르침을 살펴 이 일을 계속하라. 이것을 행함으로 네 자신과 네게 듣는 자를 구원하리라."(딤전 4:14~16)

나도 디모데처럼 안일한 생각을 한 적이 있습니다.

열 권 정도의 책을 출간한 후에 책을 그만 써야겠다고 생각한 것입니다. '이 정도면 됐어. 이 책들이 베스트셀러가 되어 수십만 권 팔리면 되는 거야. 책을 쓰는 것은 끝도 없어. 두꺼운 원고 뭉치인 초고를 붙들고 한 줄 한 줄 다듬으며 퇴고하는 것은 너무 힘들어. 이렇게 끝도 없이 책을 쓰면 뭐 하나? 이제 그만 쓰고 쉬어야지.'

그런데 성령님께서는 '꿈을 가지라. 더 많은 책을 써내라'고 하셨습니다. 성령님은 꿈이 없는 사람은 죽은 사람이라고 하셨습니다.

'아들아, 나는 네게 많은 깨달음을 계속 부어 주고 있다. 그것을 너만 알고 간직하면 안 된다. 나는 많이 준 사람에게서 많이 찾을 것이다. 네가 살아 있는 동안 계속 책을 써내야 한다. 그것이 내가 너에게 준 뿔이고 기름 부음이다. 책 쓰는 일에 전념하라.'

다윗은 시편 92장 10절에 "그러나 주께서 '내 뿔'을 들소의 뿔같이 높이셨으며 내게 신선한 기름을 부으셨나이다"라고 고백했습니다. 하나님이 각 사람에게 주신 독특한 뿔이 있는데, 내게 주신 뿔은 '책을 쓰는 것'입니다. 당신에게는 어떤 뿔이 있습니까?

하나님은 나로 하여금 '책을 쓰고 강론하고 안수하고 코치하는 일'을 하는 뿔이 나게 하셨고 날마다 그 뿔에 신선한 기름을 부어 주셨습니다. 하나님은 이 일을 위해 나를 부르셨습니다.

당신에게 주신 뿔 곧 독특한 은사는 무엇입니까?

그것을 발견하고 거기에 흐르는 기름 부음을 따라 일하십시오.

성령의 기름 부음은 다른 곳이 아닌 거기에 강물처럼 흐릅니다.

다른 사람의 뿔이 아무리 크고 멋지고 아름다워 보여도 그것을 잘라 자기 머리에 갖다 붙이려고 하면 안 됩니다. 그것은 어리석은 짓입니다. 그것은 자신의 뿔이 아닌 남의 뿔입니다. 하나님은 결코 그 뿔을 높이지 않으시며 그 뿔에 기름 붓지도 않으십니다.

어린 목동 다윗은 블레셋의 거인 장수 골리앗과 싸울 때 사울 왕이 입으라고 내준 '사울의 갑옷'을 거절했습니다. 그것은 다윗에게 맞는 옷이 아니었습니다. 그는 평소에 양을 지키기 위해 매일 훈련했던 물맷돌을 손에 들었고 하나님은 거기에 기름 부으셨습니다.

당신은 어떻습니까? 혹시 사울의 갑옷에 기름 부음이 있다고 생각하며 그것을 구하고 찾고 두드린다고 세월을 보내고 있지 않습니까? 다른 사람의 뿔을 탐내지 마십시오. 거기에는 기름 부음이 없습니다. 그것에 미혹되면 삼손이 머리털이 잘리고 하나님의 임재와 기름 부음을 잃게 된 것처럼 당신도 그렇게 될 것입니다. 당신이 자꾸 끌리는 다른 사람의 뿔은 무엇입니까? 그것을 보지 마십시오.

다른 사람의 뿔을 바라보고 구하는 악한 마음을 끊고 그런 것을 멀리 하십시오. 그것은 육신의 생각입니다. 육신의 생각은 사망의 길이며 하나님을 기쁘시게 할 수 없고 하나님과 원수가 됩니다.

하나님께 기름 부음 받은 종들이 다른 사람의 뿔과 기름 부음에 쉽게 미혹되는 것은 참으로 안타깝고 슬픈 일입니다. 하나님은 당신에게 갑절의 영감, 30배, 60배, 100배의 복을 주기 원하십니다.

나아가 천배, 만배의 복을 주기 원하십니다. 조건이 있습니다.

오직 당신에게 주신 뿔을 통해만 그렇게 하신다는 것입니다.

당신의 뿔을 귀하게 여기십시오.


## 성령님, 제게 주신 재능을 증가시켜 주세요

하나님께 복을 받는 비결은 무엇일까요?

들소의 뿔처럼 주님께서 당신의 머리에 나게 하신 그 뿔을 통해 일하는 것입니다. 만 명이 가진 만 가지 다른 뿔을 내 것으로 만들겠다며 힘쓰고 애쓴다고 되는 것이 아닙니다. 하나님이 당신 속에 주신 독특한 은사로 일해야 합니다. 그것으로 당신의 삶과 사역이 복을 받게 될 것입니다. 하나님은 이렇게 말씀하십니다.

"네가 안수 받을 때 예언을 통해 받은 은사가 네 속에 있다. 그것이 얼마나 크고 귀한지 알아야 한다. 그것을 제쳐놓고 다른 사람의 은사를 부러워하면서 밤낮 울며 구하고 찾고 두드리는 것은 옳지 않다. 그런 행동을 멈추고 더 이상 하지 마라. 네게 준 은사를 사용하는데 전념하고 그 사역을 증가시켜라."

디모데는 어떤 은사를 받았습니까? 병 고치는 것입니까? 귀신 쫓는 것입니까? 안수할 때 기름 부음이 나타나 사람들이 쓰러지는 것입니까? 대형 집회를 인도하는 것입니까? 아닙니다.

바울은 디모데에게 그가 받은 은사가 무엇인지 말했습니다.

"내가 이를 때까지 읽는 것과 권면하는 것과 가르치는 것에 전념하라. 이것이 네가 받은 독특한 은사다."

디모데전서 4장 13절에 바울은 디모데가 받은 은사가 무엇인지 세 가지로 구분해서 정확하게 설명했습니다.

"말씀을 읽는 것과 권면하는 것과 가르치는 것이다."

당신이 사역할 때 안수해서 불치의 병이 낫는 것, 성령이 강하게 임하고 사람들의 입에서 유창한 방언이 터지는 것, 더러운 귀신이 소리 지르며 쫓겨 나가는 것 등은 정말 귀한 은사입니다.

나도 손을 얹으면 수백 명, 수천 명에게 성령이 임하고 혀가 떨리며 방언이 터집니다. 귀신이 쫓겨 나갑니다. 병이 낫습니다. 그런데 그보다 더 귀한 은사가 있다는 것입니다. 그것이 무엇일까요?

그것은 곧 '하나님 자신과 같은 그분의 말씀을 맡겼다'는 것입니다. 말씀을 읽는 것과 말씀을 권하는 것과 말씀을 가르치는 것, 이것을 한 줄 한 줄 정성껏 책에 담아내는 것, 이것은 매우 귀중한 은사입니다. 하나님은 말씀이시며 지금도 말씀을 통해 일하십니다.

그분은 말씀으로 천지 만물을 창조하셨고 말씀이 육신이 되어 이 땅에 오신 분이 바로 예수님이십니다. 당신도 하나님의 말씀에 큰 권능이 있음을 기억하고 '말씀 사역'에 힘써야 합니다.

"우리는 오로지 기도하는 일과 말씀 사역에 힘쓰리라."(행 6:4)


## 삶과 사역에 대한 기름 부음이 각각 다르다

사람마다 삶과 사역에 대한 기름 부음이 각각 다릅니다.

아브라함은 목축업을 했는데 집에서 기른 전쟁터에 나갈 수 있는 일꾼이 318명이나 되었습니다. 그는 은금과 육축이 많았고 거부였습니다. 이삭은 농사를 지어 100배를 거뒀고 야곱은 직장 생활로 20년 만에 두 떼를 이루어 고향으로 돌아오게 되었습니다.

요셉은 애굽 전역을 다스리는 정치가였습니다. 모세는 이스라엘 백성들을 430년 애굽 땅 노예 생활에서 구원해 낸 지도자였습니다. 이처럼 다양한 삶과 사업에 대한 기름 부음이 있습니다. 또한 하나님이 사람을 구원하기 위해 행하시는 기적은 하나도 빠짐없이 다 소중합니다. 그 모든 기적은 오직 하나님이 행하셨습니다.

하나님은 모세를 통해 피, 개구리, 이, 파리, 악질, 온역, 우박, 메뚜기, 흑암, 장자 죽음, 홍해를 가르는 기적, 또 만나와 메추라기가 쏟아지는 기적을 행하셨습니다. 하나님은 요셉을 통해 7년 풍년의 때에 엄청난 수확을 거둬들여 오분의 일을 곳간에 저장하고 그것을 7년 흉년의 때에 조금씩 내다 파는 일을 행하셨습니다.

하나님은 지금도 기적을 행하십니다.


## 당신이 하고 있는 말씀 사역을 귀하게 여기라

하나님은 어떤 일이든 혼자 하지 않고 사람을 통해 하셨습니다.

하나님이 선택하시고 불러 세우신 종들에게 각각 독특한 재능과 은사와 기름 부음을 주신 것입니다. 하나님께서 우리에게 맡기신 많은 은사들 중에서 "가장 귀하다"라는 표현을 쓸 수 있는 것이 하나 있는데 그것은 곧 '그분의 말씀을 깨닫고 전하는 것'입니다.

말은 곧 그 사람과 같습니다. 내 말은 곧 나입니다.

예수님은 자신의 말이 곧 아버지의 말씀이라고 하셨습니다.

"너희가 듣는 말은 내 말이 아니요 나를 보내신 아버지의 말씀이니라."(요 14:24)

예수님은 말씀이 육신이 되어 이 땅에 오신 분입니다. "말씀이 육신이 되어 우리 가운데 거하시매 우리가 그의 영광을 보니 아버지의 독생자의 영광이요 은혜와 진리가 충만하더라."(요 1:14)

베드로는 "복음이 곧 이 말씀이다"라고 했습니다.

"너희가 거듭난 것은 썩어질 씨로 된 것이 아니요 썩지 아니할 씨로 된 것이니 살아 있고 항상 있는 '하나님의 말씀'으로 되었느니라. 그러므로 모든 육체는 풀과 같고 그 모든 영광은 풀의 꽃과 같으니 풀은 마르고 꽃은 떨어지되 오직 '주의 말씀'은 세세토록 있도다 하였으니 너희에게 전한 '복음이 곧 이 말씀'이니라."(벧전 1:23~25)

바울은 디모데에게 복음의 말씀을 전해 주었습니다. 그리고 "이 복음의 말씀을 중심으로 하나님의 말씀을 읽는 것과 권하는 것과 가르치는 것에 전념하라. 이 일에 헌신하고 열심을 내라"고 했습니다. 그런데 디모데가 딴 생각을 품었던 것입니다.

'말씀은 별로 중요하지 않은 것 같아. 이걸 방치해 두고 다른 은사와 기름 부음을 구해야겠어. 하나님의 말씀대로 사는 내 삶과 깨달음, 이것을 통해 사람들 앞에 서서 복음을 전하는 것은 너무 쉽고 단순해. 내가 이렇게 자연스럽게 설교하고 가르치고 권면하고 사람들을 제자로 양육하는 것은 그리 중요하지 않은 것 같아.'

많은 주의 종들이 '말씀 사역의 힘'을 놓치고 있습니다.


## 말씀 사역에 대한 절대 긍정의 믿음을 가지라

하나님은 천지 만물을 말씀으로 창조하셨습니다. 말씀이 육신이 되어 오신 분이 예수님입니다. 성령님은 말씀을 통해 사람들의 영혼을 구원하고 삶을 변화시킵니다. 말씀이 온 우주에서 가장 큰 힘입니다. 말씀을 읽고 권하고 가르치는 사역을 크게 여기십시오.

물론 눈에 보이는 성령의 나타남도 귀합니다. 사람들은 주의 종들이 손을 내밀어 안수할 때 귀신이 소리치며 떠나가고 눈앞에서 암 덩어리가 흘러내리는 것을 보면 그런 능력을 받고 싶어 합니다.

"저런 은사와 기름 부음이 크고 놀라운데 왜 나는 아무리 애타게 부르짖으며 간구해도 저런 은사와 기름 부음을 안 주시는 거야. 하나님께 서운한 마음이 들어. 나 같은 인물을 못 알아보시다니."

우리는 하나님께 남달리 귀하게 쓰임 받는다고 하면 눈에 보이는 화려한 은사를 떠올릴 수 있습니다. 그러나 병을 고치고 더러운 귀신 쫓아내는 사역에도 남다른 고통이 많습니다. 가장 중요한 사역은 치유나 축사, 방언이나 예언이 아닌 '하나님의 말씀'입니다.

하나님의 말씀을 읽고 권하고 가르치는 것입니다.

이 세 가지가 모두 중요합니다. 어떤 이는 "하나님의 말씀을 혼자서 읽는 것과 몇 명에게 권하는 것은 싫어"라고 할지 모릅니다. 그러나 그것이 없으면 큰 무리에게 가르치는 것도 할 수 없습니다. 사실 가르치는 것도 '일대일 양육' 곧 한 명으로부터 시작됩니다.

바울이 13권의 편지를 썼는데 그 중에는 개인에게 전하는 편지가 있었고 교회에게 전하는 편지도 있었습니다. 둘 다 소중합니다.

바울은 디모데에게 "내가 이를 때까지 읽는 것을 전념하라. 권하는 것을 전념하라. 그리고 가르치는 것을 전념하라"고 했습니다.

여기서 혼자서 책을 읽는 것은 '독서'이며, 몇몇 사람에게 권하는 것은 '코칭'이며, 군중을 가르치는 것은 '강론' 곧 설교입니다.

주의 종들은 설교할 때 오직 온전한 복음만 강론해야 합니다.

성령님의 기름 부음을 따라 물 흐르듯 강론하면 쉽습니다.

성령님과 함께 덩실덩실 춤추며 강론하기 바랍니다.

강론 곧 설교는 쉽고 즐거운 일입니다.


## 은사를 사용할 때 삶과 사역이 회복된다


당신은 당신 속에 어떤 은사가 있는지 아십니까?

나는 내 속에 지혜의 말씀의 은사, 믿음의 은사, 능력 행함의 은사, 방언의 은사, 예언의 은사 등이 있음을 알고 있습니다.

바울은 디모데 속에 어떤 은사가 있는지 말해 주었습니다.

"네 속에 있는 은사는 하나님의 말씀을 깨닫고 가르치는 것이다. 그것은 장로의 회에서 안수 받을 때에 예언을 통해 받은 은사다. 그것을 가볍게 여기며 제쳐 두지 말고 계속 사용하라."

성령님은 지금 당신에게 말씀하십니다.

"네게 준 은사를 땅에 파묻어 두지 마라. 그걸로 사역하라."

성경은 은사를 적극적으로 사용하라고 말씀합니다.

"이 모든 일에 전심전력하라, 마음을 다 쏟고 온 힘을 다 써라. 그리고 너의 성숙함을 모든 사람에게 나타나게 하라."

은사는 사용할 때 점점 더 무르익고 정교해지고 날카로워집니다.

바울은 디모데에게 "아들아, 지금 너의 삶과 사역이 많이 침체되어 있다. 그것을 회복하는 방법은 네게 주신 은사를 따라 말씀을 가르치는 일을 계속하는 것이다. 그렇게 하면 네 삶과 사역, 그 모든 것이 구원을 받는다"고 말하고 있는 것입니다.

디모데와 그의 양떼는 이미 영혼이 구원받은 사람들입니다.

그러므로 "그 일을 하면 너 자신과 네게 듣는 자를 구원하리라"는 말은 디모데와 그의 양떼의 영혼 구원을 말하는 것이 아닙니다.

"네 삶과 사역이 많이 침체되어 있다. 그런데 네가 받은 은사 곧 하나님의 말씀을 깨닫고 가르치는 일을 계속 하면 네 삶과 네 사역이 다시 구원을 얻게 된다. 너뿐 아니라 네게 듣는 모든 사람들의 삶과 사역이 구원을 얻게 된다"는 말씀입니다.

당신은 어떤 은사를 받았습니까? 그것을 사용하십시오. 그러면 당신의 삶과 사역, 양떼들의 삶과 사역이 구원을 얻을 것입니다.

나도 그렇습니다. 은사를 사용할 때 모든 것이 회복됩니다.

하나님이 내게 주신 은사는 '말씀을 깨닫고 그것을 정립하고 책을 써내는 것'입니다. 이것을 꾸준히 할 때 나 자신의 삶과 사역이 구원을 얻고 또 내게 듣는 양떼들의 삶과 사역도 구원을 얻습니다.

그런데 많은 사람들이 자기에게 주신 은사를 중요하게 여기지 않고 다른 사람의 은사를 부러워합니다. 그걸 구하기 위해 자신의 귀중한 돈과 시간을 다 허비합니다. 마귀의 속삭임에 속지 마십시오.

'네가 가진 은사는 하찮은 거야. 하필 왜 그런 작은 은사를 주셨지? 너는 다른 사람이 가진 저 큰 은사가 부럽지 않니? 그들에게 나타나는 기름 부음이 부럽지 않니? 너도 저걸 받아야 성공할 거야.'

그런 속삭임을 예수 이름으로 꾸짖으며 대적해야 합니다.

"예수 이름으로 명하노니 다른 사람이 부럽다는 독한 시기의 생각을 가져다주는 귀신아, 떠나가라. 다시는 오지 마라."

그러면 떠나갑니다. 악한 생각을 가져오는 귀신을 대적하지 않으면 마음이 미혹되고 이런 육신의 생각이 자꾸 떠오릅니다.

'저 사람은 참 좋겠다. 부럽다.'

이런 시기하는 생각이 '귀신이 주는 생각'인 줄 모르는 사람이 많습니다. 그런 생각을 주는 귀신을 예수 이름으로 쫓아내야 합니다.

"이런 생각을 가져오는 귀신아, 떠나가라."

어떤 사람들은 다른 사람의 은사를 구하고 찾고 두드리기 위해 전국과 세계를 돌아다닙니다. 어떻게든 한계를 돌파하겠다며 금식철야하고 하루에 10시간씩 부르짖어 기도하고 수천 권의 책을 읽고 온갖 훈련을 받습니다. 주님께서 그런 사람에게 말씀하십니다.

"네게 없는 은사, 다른 사람에게 나타나는 은사를 부러워하지 말고 너에게 준 그 은사를 귀하게 여기고 그것을 사용해서 수만 배의 열매를 거두어라. 네게 준 그 은사는 수천억보다 귀하고 박사 학위 100개보다 귀하고 빌딩을 수천 개 갖는 것보다 귀한 것이다."

그렇습니다. 하나님이 당신에게 준 그 은사가 당신의 삶과 사역을 침체의 늪에서 구원합니다. 그 은사를 통해 즐겁게 사역할 때 두 배, 30배, 60배, 100배, 천배, 만배의 열매를 거두게 됩니다.

그동안 하나님이 주신 귀한 은사를 땅에 파묻어 두고 다른 일에 정신을 빼앗기지 않았습니까? 다시 그 은사를 따라 일하십시오.

하나님 당신에게 주신 은사를 방치하지 마십시오.

어떤 사람은 자신이 받은 은사를 방치하고 공사장에 가서 일하고 택시 운전하고 대기업에 취직해서 종일 에너지를 다 소진하고 집에 돌아옵니다. 하나님이 허락하지 않은 엉뚱한 사업을 일으키겠다고 재산을 탕진하며 돌아다니는 사람도 있습니다.

오해하지 마십시오. "사업하지 마라, 직장 다니지 마라, 공사장 가서 일하지 마라, 아르바이트 하지 마라"는 말이 아닙니다.

아브라함, 이삭, 야곱, 요셉, 모세, 다윗도 하나님의 기름 부음을 받은 종이었지만 사업도 했고 농사도 지었고 양떼를 돌봤고 천막 깁는 일도 했습니다. 하지만 그들이 중점적으로 한 것은 주의 종의 위치에서 하나님의 말씀을 전하는 것이었습니다.

당신은 어떤 신령한 은사를 받았습니까?

그 은사로 다시 일하기 바랍니다.

# 절대 긍정의 믿음으로 선교에 힘쓰라

당신은 하나님을 어떤 분으로 알고 있습니까?

나는 그분을 나를 위해 우주 만물을 창조하신 분, 사랑과 자비가 한없는 분, 자상하고 친밀한 아빠로 알고 누리고 있습니다.

나는 그동안 그분의 딸로 살며 너무나 많은 은혜와 세심한 돌보심을 받았습니다. 내가 지금 이렇게 행복하고 부요한 것은 모두 그분의 은혜 때문입니다. 그로 인해 나는 하녀가 아닌 공주로 살고 있습니다. 나는 아침에 눈을 뜨면 저절로 이런 감사가 나옵니다.

"하나님, 한낱 먼지와 티끌 같이 작은 저에게 찾아오셔서 친 딸로 삼아 주시고 이렇게 많은 은혜를 주셔서 감사드립니다."

많은 사람들이 그분을 너무나 무섭고 두려운 하나님, 기도에 응답하지 않는 무심한 하나님으로 알고 있습니다. 그렇지 않습니다.

하나님은 한없이 좋은 분이시고 당신의 모든 필요를 능히 공급하시는 크신 분입니다. 그분께는 열방이 통의 한 방울 물과 같습니다.


## 나는 전국과 세계를 다니는 선교사로 헌신했다

당신은 크신 하나님께 큰 것을 구하고 있습니까?

항상 작은 것만 구하지 않습니까? 생각을 바꿔 큰 것을 구하십시오. 20세 때 나는 무엇을 위해 어떻게 살아야 할지 몰랐습니다.

공허하고 허무한 마음으로 방황하며 허덕이는 나에게 하나님이 빛으로 찾아오셨습니다. 기도하는 중에 태양보다 더 강한 빛이 내 가슴을 치며 들어왔고 나는 눈물을 흘리며 회개했습니다.

그 후로 나는 하나님과 함께 숨 쉬며 살게 되었습니다.

그렇게 구원 받은 나는 하나님을 위해 아무것도 할 수 없는 연약한 존재임을 깨닫고 하나님 아버지께 이런 기도를 드렸습니다.

"아버지, 저를 아버지께 드립니다. 아버지가 원하시는 대로 저를 사용해 주세요. 아버지가 이끄시는 대로 살겠습니다. 아버지가 하라는 것은 무엇이든 하고 가라는 곳은 어디든 가겠습니다."

그 후로 몇 년이 지나자 나는 성령님의 인도하심으로 한 개척교회 선교원에서 아이들의 교사로 봉사하게 되었습니다. 그 교회는 대학생들을 대상으로 사역하며 선교사를 양성하기도 했습니다.

어느 날 그 교회에서 선교헌신예배를 드렸습니다.

집회 마지막 날, 강사 목사님이 "선교사로 헌신할 사람은 지금 그 자리에서 일어나라"고 촉구했습니다. 많은 젊은이들이 헌신하겠다고 일어나 기도하고 있었습니다. 그러나 나는 가만히 엎드려 기도할 뿐 일어날 수 없었습니다. 나 자신을 볼 때 감히 선교사로 나갈 자격이 안 된다고 생각했기 때문입니다.

그때 내 마음에 분명하고 세미한 음성이 들려왔습니다.

'너는 국내외로 다니며 복음을 전하는 사람을 만나 그와 함께 다니며 복음을 전하게 될 것이다.'

그 순간 "아멘!" 하고 자리에서 벌떡 일어나 선교에 헌신하겠다고 기도했습니다. 몇 년 후 신학교에서 지금의 남편인 김열방 목사님을 만나 함께 전국과 세계를 다니며 복음을 전하게 되었습니다.

당신도 잃은 영혼에 대한 꿈을 갖기 바랍니다.

예수님은 "썩는 양식을 위하여 일하지 말고 영생하도록 있는 양식을 위하여 하라"(요 6:27)고 말씀하셨습니다. 이 일은 세상 어떤 일보다 가치 있는 일입니다. 우리는 이 일에 헌신해야 합니다.

그때 그 교회 담임 목사님은 내가 선교에 헌신한 것을 싫어하셨습니다. "아무나 선교사가 되나? 김 선생님은 선교원에서 봉사나 하세요"라며 나를 무시하셨습니다. 그 말이 맞을 수도 있습니다.

인간의 기준으로 볼 때 나는 형편없고 연약한 존재였습니다.

하지만 나는 나를 부르신 하나님의 음성을 가장 크게 여겼고, 나를 부르신 주님이 그분의 필요에 따라 나를 만들어 가실 것을 믿었습니다. 나는 그 목사님께 "죄송합니다. 저는 하나님의 부르심에 순종할 수밖에 없습니다"라고 정중히 말씀드렸습니다. 우리는 주위 사람들의 말을 통의 한 방울 물처럼 작게 여겨야 합니다. 그리고 성령님의 인도하심과 음성을 가장 크게 여기며 순종해야 합니다.

시편 2편에 보면 하나님의 자녀인 우리가 어떤 꿈을 가지고 사역해야 할지에 대해 자세하게 나옵니다. 먼저 1절에 "어찌하여 이방 나라들이 분노하며 민족들이 헛된 일을 꾸미는가?"라고 했습니다.

이방 나라들이 분노한다는 것은 '하나님을 대적한다'는 말입니다. 그들은 하나님에 대해 분노하고 헛된 일들을 꾀합니다. 많은 사람들이 하나님에 대해 오해하고 분노합니다. 하나님을 알지 못하는 나라들이 그렇습니다. 그들은 하나님은 불공평하다고 말합니다.

하나님에 대한 올바른 지식이 없기 때문에 세계 곳곳에 있는 민족들이 하나님을 향해 화를 내고 있는 것입니다. 자기들의 죄의 결과로 말미암아 저주 받고 있음에도 불구하고 회개하지 않고 하나님께서 자기들이 원하는 대로 해주지 않는다며 화를 내고 있습니다.

사실 하나님은 처음부터 끝까지 말할 수 없는 긍휼과 자비하심으로 모든 사람에게 공평하게 인자와 사랑을 베풀고 계십니다. 그럼에도 불구하고 사람들은 하나님께 받아 누리는 엄청난 은혜는 생각하지 않고 자신에게 없는 것만 놓고 분노하고 있습니다.

하나님은 처음에 아담과 하와가 죄를 지었을 때 한 짐승을 잡아 가죽을 벗겨 옷을 만들어 주셨습니다. 그 일로 인해 "내가 너희를 죄 가운데서 구원하였고 의의 옷을 입혀 주었다"고 하셨습니다.

"양을 잡아 그 피 묻은 가죽으로 너희들의 부끄러움을 가려 주었다. 이처럼 내가 너희 모든 죄를 어린 양 예수 그리스도에게 담당시켰고 그를 십자가에 못 박아 피 흘리며 죽게 했다. 그리고 내가 너희에게 예수 그리스도의 피 묻은 의의 옷을 입혀 주었다. 너희의 모든 죄와 실수, 모든 부끄러움과 수치를 완전히 덮어 주었다."

하나님의 말할 수 없는 은혜와 자비가 넘쳐 나고 있었습니다.

사람들이 죄로 인해 죽었지만 하나님은 그들을 사랑하십니다.

하나님은 악인과 선인에게 동일하게 햇빛과 단비를 내리고 여전히 먹을 것과 입을 것을 공급해 주십니다. 그분은 지금도 세상에 있는 모든 사람을 사랑하시며 자상하게 돌보고 계십니다.

하나님께서 온 인류에게 구속의 은혜를 열어 주셨습니다.

이걸 생각하면 하나님은 정말 그분의 마음속 깊은 곳에서부터 우리를 향한 사랑이 강물처럼 흘러넘치고 있음을 알게 됩니다.

급기야는 그걸 주체할 수 없어서 이렇게 말씀하십니다.

"어떻게 하면 이 예수 그리스도의 속량의 은혜를 사람들에게 다 적용시킬 수 있을까? 죄와 저주, 가난과 질병 가운데 고통당하는 사람들에게 빨리 은혜의 옷을 입혀 천국의 삶을 살게 해줘야지."

이 일을 위해 하나님이 우리를 선교사로 부르셨습니다.

또한 이렇게 귀한 온전한 복음의 책을 써서 책 전도와 책 선교를 하게 하셨습니다. 당신도 지금 그 자리에서 당신이 받은 은혜를 나누는 것이 복음을 전하는 선교사로서의 삶을 사는 것입니다.


## 성령님은 우주에서 가장 크신 분이다

당신은 무엇을 가장 크게 여깁니까?

온 우주에서 가장 크신 분은 성령님이십니다. 이사야 40장 15절에 "보라, 그에게는 열방이 통의 한 방울 물과 같고 저울의 작은 티끌 같으며 섬들은 떠오르는 먼지 같으니라"고 했습니다. 이 말씀은 천지 만물을 창조하신 성령님에 비하면 이 세상의 모든 것은 한 방울 물과 같이 작다는 의미입니다. 이 세상의 집과 땅, 부모 형제, 처자식, 사역과 사업, 돈과 권력, 인정과 칭찬 등 모두 그렇습니다.

하나님은 지금도 이 세상을 한없이 사랑하고 계십니다.

동네를 산책하다 보면 마음에 감탄이 저절로 터져 나옵니다.

"이 많은 사람들이 어떻게 매일 먹고 입고 잘까? 참 놀랍다."

하나님이 먹이고 입히고 돌보지 않으시면 불가능한 일입니다.

하나님은 말씀을 통해 구속의 은혜를 우리에게 허락해 놓으셨습니다. 또한 자연 은총을 통해 그분을 믿든 안 믿든 상관없이 모든 사람들을 먹여 살리고 계십니다. 그분은 악한 자에게나 선한 자에게나 끊임없는 은혜로 모든 필요를 공급해 주고 계십니다.

그러나 사람들은 탐욕을 따라 자기가 원하는 것이 빨리 채워지지 않는다며 하나님께 원망과 분노와 불평을 쏟아 놓고 있습니다.

하나님 앞에서 망령된 행동을 하며 살아가고 있는 것입니다.

"세상의 군왕들이 나서며 관원들이 서로 꾀하여 여호와와 그 기름 받은 자를 대적하며……."(시 2:2)

세상의 군왕들은 자기 힘으로 뭔가 이루고 자기 능력으로 세상을 지배하는 줄 알며 어리석음과 큰 착각 속에 빠져 있습니다.

하나님이 군왕들을 세웠음에도 불구하고 이 사실을 모른 채 자기들의 권세를 내세우며 하나님을 대적하고 있습니다. 관원들도 서로 꾀하며 여호와와 그 기름 받은 자를 대적하고 있습니다.

"대적한다"는 말은 단순히 미워하는 정도가 아니라 적과 같이 악한 감정으로 대한다는 말입니다. 원수 같이 대한다는 것입니다.

사울이 다윗을 대했던 것과 같습니다. 다윗은 여호와께 기름 부음 받은 하나님의 종이었습니다. 사울은 그런 것과 상관없이 다윗을 원수로 여기며 죽이려고 했습니다. 오늘날도 그런 사람들이 많습니다. 그들은 예수 그리스도를 믿는 자들을 대적합니다.

그리고 그들은 하나님을 전적으로 신뢰하는 의인들, 하나님의 의만 인정하고 믿는 사람들 곧 '의인들'을 대적하고 있습니다.

세상 사람들은 하나님을 알지 못하기 때문에 의인을 대적할 수도 있지만 하나님을 믿는다는 사람들까지도 의인을 핍박하고 죽이려고 한다는 것은 심히 안타까운 일이 아닐 수 없습니다.


## 율법주의 행위는 한 방울의 물과 같다

당신은 율법주의에 빠진 적이 없습니까?

하나님을 믿는다고 하면서도 율법의 행위로 그분을 대적하는 사람들이 많습니다. 예수를 믿음으로 하나님의 자녀가 되었음에도 불구하고 하나님의 은혜를 알지 못하는 사람들이 그렇습니다.

이들은 자신의 힘과 노력, 경험과 기준을 내세우며 그것으로 하나님께 복을 받으려고 애쓰는데 곧 '율법주의자들'입니다. 이들은 하나님의 기름 부음을 받은 자 곧 믿음으로 말미암아 은혜 가운데 사는 자들을 대적하고 핍박합니다. 그들은 말합니다.

"나는 믿음으로 능력과 복을 받는다는 것을 인정할 수 없다. 우리가 하나님께 복을 받으려면 많은 땀을 흘리며 노력해야 한다. 율법을 따라 완벽하게 살아야 한다. 더 많은 육체의 행위를 보태야 한다. 모든 복은 내가 대가를 지불한데 대한 보상으로 받기 때문이다."

그들은 여호와의 기름 부음 받은 자들을 대적합니다. 사탄의 가시가 되어 주의 종들을 박해합니다. 그들은 이렇게 말합니다.

"우리가 그 맨 것을 끊고 그 결박을 벗어 버리자."(시 2:3)

이것은 믿지 않는 죄인들의 말이 아닙니다. 하나님을 믿는다고 하면서도 육체 곧 율법의 행위를 내세우는 악인들의 말입니다.

"그들이 믿음으로 하나님께 굳게 붙어 있게 된 그 견고한 끈을 우리가 끊어 버리자. 어떻게 믿는다고 다 되느냐? 믿기만 한다고 하나님께 복을 받는다는 것은 도저히 받아들일 수 없다. 내가 피와 땀과 눈물을 많이 흘려야 그 보상으로 하나님께 복을 받을 수 있다."

땀을 흘려야 먹고 산다는 것은 죄의 결과로 주어진 저주입니다.

하나님께서는 예수 그리스도를 보내셨고 그를 믿음으로 말미암아 모든 저주에서 완전한 해방을 얻도록 길을 열어 놓으셨습니다.

갈보리 언덕에서 예수님이 십자가에 못 박히심으로 말미암아 에덴동산의 모든 죄와 저주를 철폐하신 것입니다.

예수님의 대속의 사건으로 말미암아 그 사실을 믿는 자들은 모든 저주에서 완전히 해방됩니다. 노력의 대가로, 행위의 대가로, 피땀을 흘린 대가로 하나님께 복을 받는 것이 아니라 오직 믿음으로 하나님께 복을 받아 누리게 됩니다. '전적인 은혜'입니다.

예수님이 십자가에서 우리의 죄와 저주를 다 청산하셨습니다.

예수 그리스도를 믿음으로 말미암아 우리는 의인이 되었습니다.

또한 그분을 믿음으로 말미암아 하늘과 땅의 모든 권세와 풍성함을 받아 누리게 되었습니다. 우리는 믿음으로 모든 것을 거저 받게 되었습니다. 이것이 갈보리 십자가 대속의 은혜입니다.


## 하늘에 계신 자가 저희를 비웃으신다

"하늘에 계신 자가 웃으심이여, 주께서 저희를 비웃으시리로다"(시 2:4)라고 했습니다. 이 세상 사람들과 율법주의자들은 예수의 피와 땀과 눈물을 비웃고 자기의 피와 땀과 눈물을 내세웁니다.

성경은 반대로 말합니다. 율법 행위로 의로워지려는 자들을 향해 하나님께서 비웃으십니다. 그가 군왕이나 관원이라 할지라도 마찬가지입니다. 어떤 육체도 자기 힘으로 의로워질 자가 없습니다.

하나님이 말씀하십니다. "참 답답하구나. 너희들이 고행하고 도를 닦고 선한 일을 한다고 그것으로 조금이라도 더 의로워지겠느냐? 인간의 의는 다 티끌 같고 더러운 걸레 조각 같다."

그리고 하나님께서는 그런 교만한 자들을 향해 분노하십니다.

"그때에 분을 발하며 진노하사."(시 2:5)

하나님은 죄인들이 아닌 악인들을 향해 분노하십니다.

"내가 선물로 준 큰 의를 짓밟고 무시하다니, 악하다."

그분은 죄인들에 대해서는 불쌍히 여기시며 하루 속히 돌아오기를 간절히 기다리십니다. 하지만 악인들은 자기 의로 하나님을 대적하기 때문에 하나님이 원수로 여기시며 무척 싫어하십니다. 예수님 시대에 서기관, 제사장, 바리새인들이 그랬습니다. 예수님은 그들을 향해 "독사의 새끼들아, 너희가 어찌 지옥의 판결을 피하겠느냐?"라며 화를 내셨습니다. 채찍을 들고 휘두르기까지 하셨습니다.

하나님은 율법의 행위로 그분의 의를 대적하는 자들, 은혜의 복음을 짓밟고 무시하는 자들에 대해 마음 아파하시며 분노하십니다.

그리고 그들을 놀라게 하시며 진리를 깨닫도록 촉구하십니다.

"저희를 놀래어 이르시기를."(시 2:5)

## 하나님은 주의 말씀으로 징계하신다

하나님이 세상을 어떻게 징계하실까요?

그분은 갈보리 십자가 사건 이후로 천둥과 번개, 지진과 전쟁으로 징계하지 않으십니다. 예수님이 십자가에서 인류를 위한 징계를 다 받으셨기 때문입니다. 그러므로 요즘 일어나는 지진이나 재난, 전쟁과 기근은 하나님의 징계가 아닙니다. 지금은 하나님께서 전도자를 통해 '주의 말씀'으로 징계하십니다.

나는 네 명의 자녀를 키웠습니다. 아이들이 가끔 엉뚱하게 고집 부리며 떼를 쓸 때가 있었습니다. 그럴 때 나는 그렇게 하지 말라고 소리 지릅니다. 그래도 멈추지 않으면 몸을 잡고 흔들기도 합니다.

"제발 좀 정신 차려!"

그러면 아이들이 깜짝 놀라면서 정신을 차리고 엄마인 내 말을 들습니다. 이처럼 하나님께서도 그분의 구원받은 자녀들에게 정신을 차리라고 몸을 흔들며 놀라게 하실 때가 있습니다.

"내 자녀들아, 정신 좀 차려라. 내가 내 아들 예수 그리스도의 피와 땀과 눈물을 쏟으면서 모든 값을 지불했다. 그리고 너희를 구원했는데 아직까지 그 사실을 모르고 너희 힘으로 몸부림치느냐? 저주에서 벗어나기 위해 더 많은 행위를 해야 하는 것이 아니다. 내가 너희들을 위해 십자가에서 다 이루어 놓았다. 너희들은 단지 믿기만 하면 된다. 제발 그런 어리석은 율법주의 행위에서 벗어나라."

하나님은 율법주의 어리석은 행위에 대해 분을 내십니다.

그리고 그들이 놀라도록 몸을 흔들어 정신이 번쩍 들게 하시고 다시 예수를 바라보게 하십니다. 예수님이 진짜 왕이십니다.

"내가 나의 왕을."(시 2:6)

이 구절은 예수를 가리킵니다. 예수 그리스도는 우리의 구원자요 만왕의 왕이십니다. 모든 인류는 그분을 바라보아야 합니다.

"내 거룩한 산 시온에 세웠다."(시 2:6)

시온 산은 '구원의 산'을 말합니다. 시편 기자는 그곳에서 하나님의 명령을 우리에게 전합니다. 그리고 중요한 발표를 했습니다.

"내가 영을 전하노라. 여호와께서 내게 이르시되."(시 2:7)

하나님의 비밀이 무엇입니까? 그분이 자기 아들 예수 그리스도를 낳으셨다는 것입니다. 예수님은 아들입니다.

"너는 내 아들이라, 오늘날 내가 너를 낳았도다."(시 2:7)

예수 그리스도는 영원 전부터 아버지의 품에 있던 아들입니다.

그리고 예수 그리스도를 구주로 믿는 우리도 하나님의 품에 입양

되어 그분의 자녀의 권세를 얻게 되었습니다.

우리는 그분의 형제가 되었습니다.(롬 8:29, 히 1:6)


## 하나님께 열방의 잃은 영혼을 구하라

당신은 하나님께 무엇을 구합니까?

하나님은 그분의 자녀인 우리에게 열방의 잃은 영혼을 구하면 주겠다고 말씀하셨습니다. "내게 구하라. 내가 열방을 유업으로 주리니 네 소유가 땅 끝까지 이르리로다."(시 2:8)

예수 그리스도가 오시기 전에는 그 누구도 하나님의 아들이라 일컬음을 받을 수 없었습니다. 예수님이 오심으로 말미암아 그분을 믿는 사람은 누구나 하나님의 아들들이 되게 하셨고 우리는 이제 하나님을 아바 아버지 곧 '아빠'라고 부를 수 있게 되었습니다. 그리고 하나님께 무엇이든지 구할 수 있는 권세를 갖게 되었습니다.

이것이 기도의 능력입니다. 그분이 말씀하십니다.

"내 사랑하는 아들아, 내가 예수를 통해 모든 값을 지불하고 다 이루어 놓았기 때문에 너희가 무엇이든지 예수 이름으로 구하면 다 응답하겠다. 열방의 모든 것을 너희에게 유업으로 주겠다."

하나님께는 열방이 통의 한 방울 물과 같습니다. 그래서 우리가 아버지이신 하나님께 믿음으로 무엇이든지 구하면 열방도 주신다고 하셨고 우리가 땅 끝까지 지배하고 정복하고 다스리게 된다고 하셨습니다. 우리가 하나님께 구하는 것에는 제한이 없습니다.

하나님이 우리의 아버지입니다. 그러므로 우리가 아무리 큰 것을 구해도 괜찮습니다. 그분이 볼 때는 통의 한 방울 물과 같습니다.

당신의 꿈과 소원을 제한하지 마십시오. 하나님은 당신에게 그 어떤 제한도 두지 않으셨습니다. 그러므로 입을 열어 담대하게 무엇이든지 구하십시오. 크신 하나님께 큰 것을 구하십시오.

열방의 잃은 영혼을 구원하는데 나를 써 달라고 구하십시오.

더 많은 방향과 방법, 은혜와 은사, 지혜와 지식을 구하십시오.

그리스도 안에서 하나님이 당신의 친아버지가 되셨습니다. 그분께 무엇이든 구할 수 있는 자녀의 권세가 당신에게 주어졌습니다.

하나님은 당신이 구한 모든 것에 기꺼이 응답하십니다.

어떻게 구해야 할까요? 구체적으로 구해야 합니다.

당신의 삶과 사역에 필요한 모든 것을 서슴없이 구하십시오.

그러면 그분이 초자연적인 능력으로 다 채워 주십니다.

어떤 이는 하나님께 구하지 않고 사람을 의지합니다.

어리석은 행동입니다. 사람은 도울 힘이 없습니다.

하나님 아버지는 천지 만물을 창조하신 분입니다.

그분이 우리의 모든 필요를 넘치게 공급해 주십니다.

참된 공급자는 부모 형제, 친구가 아닙니다. 오직 하나님이십니다. "나의 하나님이 그리스도 예수 안에서 영광 가운데 그 풍성한 대로 너희 모든 쓸 것을 채우시리라"(빌 4:19)고 했습니다.

그분이 당신과 주위 사람들의 모든 필요를 다 채우십니다.

그것도 조금이 아닌 누르고 흔들어 넘치도록 채우십니다.

"주라, 그리하면 너희에게 줄 것이니 곧 후히 되어 누르고 흔들어

넘치도록 하여 너희에게 안겨 주리라."(눅 6:38)

## 먹고사는 문제도 한 방울의 물처럼 작다

당신에게 무엇이 더 필요합니까?

그것이 무엇이든 담대하게 구하십시오.

그러면 전능하신 하나님이 다 해결해 주십니다.

그리고 자신이 하나님의 자녀인 것을 항상 잊지 마십시오.

당신이 그리스도 안에서 하나님의 자녀가 되었음을 분명히 인식할 때 자존감이 높아집니다. 당신의 자존감이 높아지면 웬만한 문제들은 티끌같이 작게 여기며 다스릴 수 있게 됩니다.

"나는 만왕의 왕이신 하나님의 자녀다. 이 세상 먹고사는 문제는 한 방울의 물처럼 작다. 티끌과 먼지처럼 작다. 아무것도 아니다."

더 이상 먹을 것과 마실 것과 입을 것에 연연해하지 않게 됩니다.

하나님께서 그 모든 것을 채워 주신다는 것을 조금도 의심하지 않기 때문입니다. 아버지이신 하나님께서 당연히 넘치게 공급해 주시지 않겠습니까? 어떻게 하면 내가 누리고 있는 이 천국의 행복을 다른 사람에게 전할지에 대해서만 생각하면 됩니다.

영혼 구원을 위해 더 많은 것을 하나님께 구하십시오.

## 예수님과 그분의 종을 대적하지 마라

당신은 혹시 예수님과 주님의 종을 대적하지 않습니까?

직접 대적하지는 않더라도 예수님과 주님의 종에 대해 부정적인 말을 부모와 형제, 친척과 친구, 처와 자식에게 퍼트리지 않습니까?

그러면 그들의 믿음이 상하게 됩니다. 상한 음식을 먹을 수 없듯 상한 믿음은 하나님께 복을 받을 수 없습니다.

예수님과 주님의 종을 존중하는 말을 하십시오.

20대에 어느 개척 교회 선교원에서 교사로 봉사할 때였습니다.

1년 정도 일했는데, 그때 마침 주님께서 나를 이끄셔서 신학교에 진학하게 되었고 선교원 봉사는 더 이상 할 수 없었습니다.

목사님과 사모님은 나를 붙잡았습니다. 그러나 내게는 주님의 인도하심에 순종하는 것이 가장 중요했기에 계속 머물 수 없었고 한 달만 더 봉사하기로 했습니다. 마지막 한 주가 남았을 때 한 아이의 원비를 내가 빼돌렸다면서 마지막 수고비를 주지 않았습니다.

나는 그 사실을 누구에게도 말할 수 없었습니다. 그리고 몇 년 뒤에 그 목사님 부부가 내게 큰 실수를 저질렀다고 사과했습니다.

주의 종은 주님이 판단하고 심판하십니다. 판단과 심판을 주님께 맡기고 어떤 경우에도 그를 대적하거나 비방하지 마십시오. '대적'은 맞서 싸우는 것을 말하며 '비방'은 비웃고 헐뜯어서 말하는 것을 의미합니다. 주님의 기름 부으신 종에 대해 이 두 가지는 절대로 하지 마십시오. 당신과 자녀에게 이로울 것이 하나도 없습니다.

"그 목사님은 내 마음에 안 들어요."

당신 마음에 드는 목회자는 한 명도 없습니다. 당신 마음에 든다고 하나님이 그 사람을 목회자로 불러 세우신 것이 아닙니다. 성경에 나오는 모든 주의 종들이 그렇습니다. 다윗도 "내 마음에 합한 자다"라고 말씀하셨지 "네 마음에 합한 자다"라고 하지 않았습니다.

아브라함, 이삭, 야곱, 요셉, 이사야, 예레미야, 에스겔, 요나, 욥 도 그랬습니다. 그 당시 이스라엘 백성들의 마음에 드는 주의 종은 한 명도 없습니다. 다들 주의 종을 싫어했고 박해했습니다.

모세와 아론은 어땠습니까? 온 백성이 원망했습니다. 한두 명이 아닌 '온 백성'입니다.(민 16:41) 예수님은 제자들에게 "너희 전에 있던 선지자들도 이같이 박해하였다"(마 5:12)고 하셨습니다.

사람들은 예수님까지도 죽이려고 했고 예수 믿는 사람들을 출교 시키려 했습니다. 예수님은 그런 사람들의 종이 아니었습니다.

하나님은 사람의 마음에 합한 '사람의 종'을 불러 세우지 않습니다. 그분의 마음에 합한 '주님의 종'을 불러 세우십니다. 그러면 주의 종들도 사람의 마음에 합한 자가 되기 위해 애쓰지 말아야 합니다. 그런 말과 행동을 하면 사울 왕처럼 주님께 버림받습니다.

"네가 철장으로 저희를 깨뜨림이여, 질그릇 같이 부수리라"(시 2:9)고 했습니다. 기름 부음 받은 자를 대적하며, 믿음으로 하는 사업을 대적하며, 하나님의 복음을 흩트리는 자들을 하나님께서는 말씀의 철장으로 깨트리십니다. 주변에 이런 사람이 없습니까?

하나님의 은혜의 복음을 짓밟고 자기 육체의 힘과 지혜를 내세우고 의지하는 사람들이 있는데 하나님께서는 그들이 마음을 낮추고 돌아올 때까지, 철저하게 하나님만 의지할 때까지 깨트리십니다.

그들이 이렇게 기도할 때까지 하나님은 기다리십니다.

"하나님, 제 힘으로는 더 이상 할 수 없습니다. 제 힘과 능력과 지혜와 경험으로는 도저히 할 수 없음을 인정합니다."

이처럼 완전히 두 손 두 발 다 들고 항복할 때까지 하나님께서는 그들의 자아를 부수고 또 부수십니다. 철저하게 자기 무능력을 고백하게 하십니다. 그리고 은혜가 무엇인지 깨닫게 하십니다.


## 하나님께 쓰임 받는 비결

당신이 가진 모든 기준을 내려놓으십시오.

'하나님께 쓰임 받는 비결'은 다른 데 있는 것이 아닙니다.

오직 하나님의 은혜에 있습니다. 당신이 하나님의 자리에 앉아 판단하고 심판하려는 교만한 자아가 모두 깨어져야 합니다.

하나님은 '대단한 사람'이 아닌 '항복한 사람'을 찾으십니다.

당신은 단지 복음만 잘 전하면 됩니다. 그러면 성령님께서 사람들을 만지고 깨트리고 빚으십니다. 당신이 복음을 전할 때 그들이 들을까 안 들을까 판단하거나 선입견을 가질 필요가 없습니다.

믿음은 들음에서 나기 때문에 당신이 하나님의 말씀을 계속 전하면 반드시 사람들이 변화됩니다. 온전한 복음을 가르치는 일을 게을리 하지 않도록 하십시오. 때를 얻든지 못 얻든지, 그 사람이 듣든지 안 듣든지 상관치 말고 받았다는 믿음으로 계속 복음을 전하십시오. 그러면 어느 순간 성령님께서 그들을 변화시키실 것입니다.

사람을 변화시키는 것은 오직 성령님이 하시는 일입니다.

그러므로 이렇게 말씀드리며 도움을 구해야 합니다.

"성령님, 그 사람을 변화시켜 주세요."

## 군왕들과 관원들은 한 방울의 물과 같다

당신은 군왕들과 세상의 관원들을 크게 여기지 않습니까?

그들은 성령님과 주의 말씀 앞에 통의 한 방울 물과 같이 작습니다. "그런즉 군왕들아 너희는 지혜를 얻으며 세상의 관원들아 교훈을 받을지어다"(시 2:10)라고 했습니다. 그들도 주의 말씀을 듣고 순종해야 합니다. 그들이 하나님의 지혜를 얻을 수 있도록 누군가 도와주어야 합니다. 누굴까요? 복음을 먼저 깨닫고 누리는 당신입니다. 당신이 담대하게 주의 말씀을 전할 때 어느 순간 그들이 지혜를 얻고 교훈을 받고 여호와를 경외하며 섬기게 됩니다.

"여호와를 경외함으로 섬기고 떨며 즐거워할지어다."(시 2:11)

"경외한다"는 말속에 세 가지 곧 '섬기고 떨며 즐거워한다'는 것이 다 들어 있습니다. "떨며"라는 말은 하나님을 단순히 무서움의 대상으로 여긴다는 것이 아닙니다. '하나님은 무서운 심판의 하나님이야. 하나님은 내게 진노하셔서 나를 벌하실 거야.'

그런 것이 아닙니다. 하나님이 어떤 분인지 진정으로 아는 것을 말합니다. 그분은 창조주이십니다. 그분은 우리의 생명을 주관하시는 분입니다. 그분은 우리를 온전히 죄 가운데서 구속하신 분입니다. 그분은 우리를 전적으로 책임지시는 분입니다.

하나님은 만왕의 왕이십니다. 그분은 우리가 도저히 상상할 수 없을 정도로 높고 위대하신 분입니다. 그분을 경외합시다. "경외한다"는 말을 부정적으로 적용하면 두려움만 떠올리게 됩니다. 집안에 계신 부모님이 엄하고 무섭고 화만 낸다고 여기는 것과 같습니다. 그런 생각으로는 부모님과 친밀하게 사귈 수 없습니다.

부모님을 경외 곧 공경하는 이유가 무엇일까요? 첫째, 그분이 나를 낳아 주셨기 때문입니다. 둘째, 나를 사랑하고 양육하기 때문입니다. 셋째, 나의 행복을 위해 힘쓰고 애쓰기 때문입니다.

하나님에 대해서도 마찬가지입니다. 첫째, 그분이 내 영혼을 거듭나게 해주신 나의 진정한 아버지이기 때문입니다. 둘째, 그분이 말할 수 없이 나를 많이 사랑하시기 때문입니다. 셋째, 나의 행복을 위해 모든 것을 공급하시기 때문입니다. 그래서 나는 정말 두렵고 떨리고 즐거운 마음으로 그분을 존중하고 따릅니다.

"그 아들에게 입 맞추라."(시 2:12)

우리는 예수 그리스도를 온 마음을 다해 사랑해야 합니다.

"그렇지 아니하면 진노하심으로 너희가 길에서 망하리니 그 진노가 급하심이라."(시 2:12)

예수님은 시기하고 질투하시는 분입니다. 그분은 마음을 다하고 목숨을 다하고 힘을 다하고 뜻을 다해 당신을 사랑하시는 분이기 때문에 당신도 그분을 그렇게 사랑하기 원하십니다. 예수님을 사랑하지 않으면 하나님의 진노하심으로 길에서 망하게 됩니다.

우리는 하나님께 무엇인가 해 드리므로 그분을 기쁘게 하려고 해서는 안 됩니다. 그분은 천지 만물의 창조자요 주인이십니다.

우리가 그분을 위해 아무것도 하지 않아도 예수 그리스도의 보혈의 은혜로 하나님께 완전히 받아들여졌음을 믿어야 합니다.

우리는 예수님의 신부입니다. 예수님은 우리의 신랑입니다. 신부는 오직 신랑만 믿고 따라갑니다. 신부는 온 마음을 다해 신랑만 사랑해야 합니다. 신랑이 자기 옆에 있는데 신부가 다른 사람에게 기웃거리는 경우는 없습니다. 신부는 신랑만 전심으로 사랑하는 것이 그가 할 일의 전부입니다. 결혼한 신부가 신랑에게 받아들여지기 위해 많은 땀을 흘리며 하녀처럼 일해야 하는 것이 아닙니다.

"이 일을 하면 남편이 받아 줄 거야."

"남편을 위해 큰일을 하면 내가 인정받을 거야."

"남편이 좋아하는 일을 많이 해야 사랑받을 거야."

그렇지 않습니다. 신랑에게 받아들여지기 위해 일하는 것과 신랑에게 받아들여졌기 때문에 일하는 것은 차원이 다릅니다. "이걸 하면 신랑이 나를 받아 줄 거야"라는 것은 신랑이 자기를 받아들이지 않았다는 낮은 자존감에 의한 행동이므로 마음에 행복이 없습니다.

신랑과 신부는 노동이 아닌 사랑으로 맺어진 관계입니다.

신부는 신랑에게 인정받고자 땀과 피와 눈물을 흘리며 육체적인 행위를 쌓아야 할 필요가 없습니다. 신랑이 이미 신부를 사랑하는 마음으로 꼭 껴안고 있기 때문입니다. 신랑은 생명까지 내어 주며 신부를 사랑할 뿐이고 신부는 그 사랑에 반응하여 신랑을 존경할 뿐입니다. 신부에게 있어 신랑이 전부입니다.

이처럼 마음에서 마음으로 통하는 것이 사랑 관계입니다.

신부는 최고의 자존감을 갖고 우아하고 당당하게 살면 됩니다.

당신은 이런 예수님의 신부로서의 삶을 살고 있습니까?

"여호와를 의지하는 자는 다 복이 있도다."(시 2:12)

이미 우리는 행복한 사람이 되었습니다. 여기서 복은 '행복과 힘'을 의미합니다. "땀과 피와 눈물을 흘리는 고된 행위를 통해 복을 얻게 될 것이다"가 아닙니다. "이미 복이 있다"고 했습니다.

온 마음을 다해 여호와를 의지하고 사랑하고 경외하는 사람은 이미 모든 복을 받아 누리고 있습니다. 우리는 그리스도 안에서 하나님의 풍성한 복을 받아 누리는 행복한 사람들입니다.

당신 안에 하나님의 나라가 임하여 있습니다.

# 절대 긍정의 믿음으로 영혼 구원에 힘쓰라

## 구원의 길을 여신 하나님

당신은 하나님을 사랑하십니까?

나는 창조주 하나님을 사랑하고 경외합니다.

하나님은 천지를 만드시고 그분의 형상대로 사람을 지으셨을 뿐만 아니라 하늘나라도 만드셨습니다. 최초의 사람인 아담과 하와는 죄를 짓기 전에 모든 은혜와 복을 누리며 하나님과 교제하였지만 하나님의 말씀에 불순종하였고 그로 인해 모든 인류에게 죄가 들어왔습니다. 그래서 세상에는 의인이 하나도 없게 되었습니다.

"기록된바 의인은 없나니 하나도 없으며."(롬 3:10)

그리스도 밖에 있는 사람은 한 명도 예외 없이 죄인입니다.

하나님은 의로우셔서 죄인과 가까이 할 수 없습니다.

죄를 용서 받지 못한 죄인은 하나님을 만날 수 없습니다.

"죄의 삯은 사망이요"(롬 6:23)라는 말씀대로 모든 사람은 사망에 거하고 영원한 생명의 길을 갈 수 없게 되었습니다.

하나님은 그런 죄인들을 불쌍히 여기고 구원의 길을 계획하셨습니다. 하나님은 죄인들을 용서하기 위해 그분의 아들을 이 세상에 보내 십자가에 못 박혀 피 흘려 죽게 하셨고 죄로 말미암아 우리가 받아야 할 모든 형벌과 저주와 심판을 대신 다 받게 하셨습니다.

"피 흘림이 없은즉 사함이 없느니라."(히 9:22)

예수님은 죽은 자 가운데서 3일 만에 다시 살아나시므로 잠자는 자들의 첫 열매가 되셨습니다. 이제 부활하신 예수님의 이름을 부르는 자는 누구든지 구원을 받을 수 있게 되었습니다. "누구든지 주의 이름을 부르는 자는 구원을 받으리라."(롬 10:13)

이미 구원 받은 사람은 복음 전도의 꿈을 가져야 합니다.

복음을 전할 때 성령의 임재와 기름 부음이 나타나게 됩니다.

복음으로 변화된 바울에게 하나님이 함께하시므로 그가 전도할 때마다 많은 기적이 일어났습니다. 하나님을 섬기는 루디아라는 여자가 바울이 전하는 복음을 듣고 가족 모두 세례 받았습니다.

또 옥을 지키던 간수와 그의 가족들에게 주의 말씀을 전하므로 그들이 예수 이름으로 세례 받게 했습니다. 하나님은 사람들이 바울의 몸에서 손수건이나 앞치마를 가져다가 병든 사람에게 얹으면 병이 떠나가고 악귀도 나가는 놀라운 능력을 행하게 하셨습니다.

하나님은 당신을 통해서도 이런 일을 행하기 원하십니다.

하나님께서 당신을 의로 불렀습니다. 또한 그리스도 안에서 의인이 된 당신을 세워 백성의 언약과 이방의 빛이 되게 하셨습니다.

"나 여호와가 의로 너를 불렀은즉 내가 네 손을 잡아 너를 보호하며 너를 세워 백성의 언약과 이방의 빛이 되게 하리니 네가 눈먼 자들의 눈을 밝히며 갇힌 자를 감옥에서 이끌어 내며 흑암에 앉은 자를 감방에서 나오게 하리라. 나는 여호와이니 이는 내 이름이라. 나는 내 영광을 다른 자에게 내 찬송을 우상에게 주지 아니하리라. 보라, 전에 예언한 일이 이미 이루어졌느니라. 이제 내가 새 일을 알리노라. 그 일이 시작되기 전에라도 너희에게 이르노라. 항해하는 자들과 바다 가운데의 만물과 거기에 사는 사람들아, 여호와께 새 노래로 노래하며 땅 끝에서부터 찬송하라."(사 42:6~10)

## 우상 숭배는 하나님이 싫어하시는 죄다

당신은 진리를 믿습니까? 나는 진리를 믿습니다.

진리는 무엇일까요? 하나님의 아들 예수님이 곧 진리입니다.

"예수께서 이르시되 내가 곧 길이요 진리요 생명이니 나로 말미암지 않고는 아버지께로 올 자가 없느니라."(요 14:6)

우리가 믿는 하나님은 누구실까요?

첫째, 하나님은 천지를 창조하신 분입니다.

"태초에 하나님이 천지를 창조하시니라."(창 1:1)

둘째, 하나님은 창세전부터 스스로 계셨던 분입니다.

"나는 스스로 있는 자이니라."(출 3:14)

셋째, 하나님은 질투하는 여호와이십니다. 하나님은 사람들에게 절대로 우상을 숭배하지 말라고 명령하셨습니다. 우상 숭배는 영혼이 귀신과 간음하는 것이기 때문에 하나님이 가장 싫어하십니다.

"나 외에는 다른 신들을 네게 두지 말지니라."(신 5:7)

넷째, 하나님은 영이시며 말씀하시는 분입니다. 말 못하는 우상과는 다르며 실제로 살아 계신 분입니다. "너희는 나를 비겨서 은으로나 금으로나 너희를 위하여 신상을 만들지 말라."(출 20:23)

하지만 이스라엘 자손은 불순종하였습니다.

"모든 백성이 그 귀에서 금 고리를 빼어 아론에게로 가져가매 아론이 그들의 손에서 금 고리를 받아 부어서 조각칼로 새겨 송아지 형상을 만드니 그들이 말하되 '이스라엘아, 이는 너희를 애굽 땅에서 인도하여 낸 너희의 신이로다' 하는지라."(출 32:3~4)

하나님은 불순종한 이들을 향해 "부패하였도다. 목이 뻣뻣한 백성이다"라며 진노하셨습니다. "부패했다"는 말은 '믿음이 썩었다'는 의미입니다. 썩은 믿음은 하나님이 조금도 기뻐하지 않으시고 오히려 크게 진노하십니다. 오직 하나님만이 참된 신이십니다.

오늘날 하나님의 백성인 그리스도인들은 어떻게 해야 될까요?

온 천하를 미혹하는 자인 마귀에게 조금도 틈을 주지 말고 그에게 속지 않도록 늘 기도하고 절대 긍정의 믿음으로 깨어 있어야 합니다. "기도를 계속하고 기도에 감사함으로 깨어 있으라."(골 1:3)

세상에는 잘못된 사상과 가르침에 속아 옳은 길을 가지 못하는 영혼들이 많습니다. 신랑이신 예수님이 오실 때까지 주님의 신부로

늘 깨어 있고 온 천하에 다니며 만민에게 복음을 전해야 합니다.

하나님이 가장 기뻐하시는 일은 영혼 구원 사역입니다.

"지혜 있는 자는 궁창의 빛과 같이 빛날 것이요 많은 사람을 옳은 데로 돌아오게 한 자는 별과 같이 영원토록 빛나리라."(단 12:3)


## 성령님, 온 천하에 다니며 복음을 전하게 해주세요

당신은 누구의 제자입니까?

나는 그리스도의 제자입니다. 예수님이 말씀하셨습니다.

"그러므로 너희는 가서 모든 민족을 제자로 삼아 아버지와 아들과 성령의 이름으로 세례를 베풀고 내가 너희에게 분부한 모든 것을 가르쳐 지키게 하라. 볼지어다. 내가 세상 끝 날까지 너희와 항상 함께 있으리라 하시니라."(마 28:19~20)

하나님 나라의 주인은 하나님이고 마귀 나라의 주인은 마귀입니다. 우리는 하나님 편에 서서 마귀를 대적해야 합니다.

"근신하라, 깨어라. 너희 대적 마귀가 우는 사자 같이 두루 다니며 삼킬 자를 찾나니 너희는 믿음을 굳건하게 하여 그를 대적하라."(벧전 5:8~9)

마귀가 기뻐하는 일은 마귀의 종이 되고 마귀의 제자가 되는 것입니다. 마귀의 종이 되지 않으려면 구원의 투구, 성령의 검, 진리의 허리띠, 의의 흉배(호심경), 믿음의 방패, 평안의 복음의 신 등으로 하나님의 전신 갑주를 입어야 합니다.

오늘도 마귀는 속삭입니다.

'거짓말해도 돼. 미워해도 돼. 다투어도 돼.'

마귀는 당신이 주인 행세하라고 부추깁니다.

'하나님 없이 네가 주인이 되어야 해.'

예수님의 제자는 마귀의 음성을 듣지 않고 하나님의 영이신 성령님의 음성을 듣습니다. 예수님께서 말씀하셨습니다.

"너희가 내 말에 거하면 참으로 내 제자가 되리라."(요 8:31)

세상에는 많은 민족과 언어가 있습니다. 그들에게 복음을 전파해야 합니다. 당신은 이미 믿고 있습니까? 그렇다면 개인의 믿음과 구원을 넘어 모든 민족을 제자 삼아야 합니다. 하나님은 그분을 사랑하는 당신을 통해 모든 민족이 복음화 되길 원하십니다.

온 천하에 다니며 만민에게 복음을 전하는 꿈을 가지십시오.

이렇게 말씀드리며 도움을 구하십시오. "성령님, 온 천하에 다니며 만민에게 복음을 전하는데 저를 사용해 주세요."

성령님이 당신을 통해 일하실 것을 기대하십시오.


## 당신이 하는 모든 일에 성령님을 인정하라


당신은 요리하기를 좋아하십니까?

나는 요리하는 것을 좋아합니다. 가정을 떠나 생활한 적이 많아서 일찍부터 요리에 관심을 가졌습니다. 어느 날 서랍에서 일회용 숟가락과 나무젓가락을 꺼내서 모아 보니 가득했습니다. 식당에서 배달받은 음식을 이렇게 많이 먹는 동안 요리하는 일에 게을렀던 것 같아 회개가 되었습니다. 나는 다시 요리하기 시작했습니다.

성령님은 요리하는 것도 도와주십니다.

이렇게 말씀드리며 성령님께 도움을 구하십시오.

"성령님, 함께 요리하시지요. 어떤 요리를 하면 될까요?"

성령님이 도우시면 당신이 하는 모든 일에 기적이 일어납니다.

성경에는 크고 작은 놀라운 기적들이 많이 나와 있습니다.

첫째, 큰 바다가 갈라지는 '엄청난 기적'도 있습니다.

"모세가 바다 위로 팔을 내밀었다. 주님께서 밤새도록 강한 동풍으로 바닷물을 뒤로 밀어 내시니 바다가 말라서 바닥이 드러났다. 바닷물이 갈라지고 이스라엘 자손은 바다 한가운데로 마른 땅을 밟으며 지나갔다. 물이 좌우에서 그들을 가리는 벽이 되었다."

둘째, 물이 포도주로 바뀌는 '특별한 기적'도 있습니다.

"갈릴리 가나에 혼례가 있을 때 포도주가 떨어졌다. 손님으로 간 예수님의 말씀을 따라 그 집 하인들이 항아리에 물을 채워 연회장에게 갖다 주어 맛을 보니 좋은 포도주가 되어 있었다. 하나님의 영광이 나타난 것이었다. 그걸 보고 제자들이 예수님을 믿었다."

셋째, 수만 명의 식사를 해결하는 '풍성한 기적'도 있습니다.

"광야에서 큰 무리가 굶주릴 때 예수님께서 보리떡 다섯 개와 물고기 두 마리를 가지고 하늘을 우러러 축사하시고 떼어 제자들에게 주어 무리에게 나누어 주게 하시니 다 배불리 먹고 남은 조각이 열두 바구니였다. 남은 것을 버리지 말고 거두라고 하셨다."

이처럼 하나님은 모든 문제를 해결하시는 전능자이십니다.

성령님은 예수님을 믿는 당신을 돕기 위해 곁에 계신 분입니다.

그러므로 요리할 때나 운동할 때, 공부할 때나 산책할 때, 어려운 일을 당할 때마다 성령님을 의지하십시오. "너는 범사에 그를 인정하라. 그리하면 네 길을 지도하시리라"(잠 3:6)고 했습니다.

범사(凡事)는 말 그대로 '당신이 하는 모든 일'을 말합니다.

특별한 일만 아닌 평범한 일도 모두 포함합니다.

모든 일에 성령님께 도움을 구하십시오.


## 성령님, 조금도 두려워하지 않게 해주세요

당신은 중요한 일을 앞두고 두려워하지 않습니까?

나도 가끔 마음이 초조하고 불안할 때가 있는데, 그때는 내 마음에 평안이 임할 때까지 기도합니다. "아무 것도 염려하지 말고 다만 모든 일에 기도와 간구로, 너희 구할 것을 감사함으로 하나님께 아뢰라. 그리하면 모든 지각에 뛰어난 하나님의 평강이 그리스도 예수 안에서 너희 마음과 생각을 지키시리라."(빌 4:6~7)

"모든 지각에 뛰어난 하나님의 평강"이란 '모든 것을 초월하는 초자연적인 평강'을 의미하며 '사람이 헤아리는 모든 것을 뛰어 넘는 평강'을 말합니다. 이러한 평강이 마음과 생각을 지켜 줍니다.

두려움이 생기면 성령님께 도움을 구하십시오.

"성령님, 조금도 두려워하지 않게 해주세요."

기도는 하나님과 대화이며 영적인 호흡입니다.

기도는 만사를 변화시킵니다. 기도는 마음에 평안을 줍니다.

기도는 하나님이 주인 되심을 고백하는 것이며 그분이 나의 모든 기도에 실제로 응답해 주실 것을 신뢰하기에 하는 행동입니다.

나는 믿음의 공동체인 교회에서 집사로 섬기면서 여러 기도 모임에 참여해 보았고 모임에서 대표로 기도하는 경험도 했습니다.

그리고 지금까지 살면서 기도 응답을 많이 경험했습니다.

기도하면 하나님께서 들으시고 반드시 다 응답해 주십니다.

내가 두 번째 책이 출간된 이후로 세 번째 출간을 하겠다고 선택하고 글을 쓰려니 분주한 생각과 바쁜 생활이 이어졌습니다.

그때 문득 몇 년 전에 편의점에서 구입한 〈나도 작가가 될 수 있다〉는 책이 생각나서 다시 꺼내 읽으며 이런 생각을 했습니다.

'내가 왜 이 책을 샀었지? 지금의 내가 하고자 하는 복음 작가의 일과 관련이 있어 하나님이 미리 예비하신 섭리인가?'

사실 나는 책 쓰기를 통한 책 출간은 전혀 생각해 본 적이 없었습니다. 하지만 믿음의 눈으로 바라볼 때는 달랐습니다.

"내 삶의 중심에 내가 주인이 아니라 예수님이 주인이 되어 주세요"라고 기도한 것이 떠올라 나는 다시 펜을 들고 이렇게 세 번째 복음을 위한 책을 쓰게 되었습니다. 정말 놀라운 기도 응답입니다.

"책에 써서 후세에 영원히 있게 하라."(사 30:8)

당신도 책 쓰기에 대한 꿈을 갖기 바랍니다. 당신에게 하나님이 기뻐하시는 책 전도와 책 선교의 길이 활짝 열리길 기도합니다.

## 생각하라, 그러면 억만장자가 되리라

당신은 생각을 많이 합니까?

나는 평소에 생각을 많이 합니다. 혼자 가만히 앉아 책을 읽고 생각할 때 깨달음이 오고 인생이 조금씩 성장합니다. 예전에 〈생각하라, 그러면 억만장자가 되리라〉는 책을 읽은 적이 있습니다.

나도 우주의 재벌 총수이신 하나님의 귀한 딸이기 때문에 천국에서만 아니라 이 땅에서도 부요하게 살 자격이 있다고 생각합니다.

성경에 나오는 인물들을 떠올려 보십시오. 아브라함, 이삭, 야곱, 욥, 요셉, 다윗, 솔로몬 등 그들 대부분이 부요한 삶을 살았습니다.

우리는 성경적인 부의 법칙을 깨닫고 실천해야 합니다.

성경 말씀을 통해 '부요에 대한 이야기'를 알아볼까요?

첫째, 아브라함은 이 땅에서 은금과 육축이 풍부했습니다.

"아브람에게 가축과 은과 금이 풍부하였더라."(창 13:1~2)

둘째, 이삭도 이 땅에서 백배의 복을 받았습니다.

"이삭이 그 땅에서 농사하여 그 해에 백배나 얻었고 여호와께서 복을 주시므로 그 사람이 창대하고 왕성하여 마침내 거부가 되었다."(창 26:12~13)

셋째, 욥은 고난이 있었지만 결국 갑절의 복을 받았습니다.

"욥이 그의 친구들을 위하여 기도할 때 여호와께서 욥의 곤경을 돌이키시고 여호와께서 욥에게 이전 모든 소유보다 갑절이나 주신지라. 이에 그의 모든 형제와 자매와 이전에 알던 이들이 다 와서 그의 집에서 그와 함께 음식을 먹고 여호와께서 그에게 내리신 모든 재앙에 관하여 그를 위하여 슬퍼하며 위로하고 각각 케쉬타 하나씩과 금 고리 하나씩을 주었더라. 여호와께서 욥의 말년에 욥에게 처음보다 더 복을 주시니 그가 양 만 사천과 낙타 육천과 소 천 겨리와 암나귀 천을 두었고 또 아들 일곱과 딸 셋을 두었으며 그가 첫째 딸은 여미마라 이름하였고 둘째 딸은 긋시아라 이름하였고 셋째 딸은 게렌합북이라 이름하였으니 모든 땅에서 욥의 딸들처럼 아리따운 여자가 없었더라. 그들의 아버지가 그들에게 그들의 오라비들처럼 기업을 주었더라. 그 후에 욥이 백사십 년을 살며 아들과 손자 사 대를 보았고 욥이 늙어 나이가 차서 죽었더라.”(욥 42:10~17)

넷째, 요셉은 모든 일에 형통한 자가 되었습니다.

“여호와께서 요셉과 함께 하시므로 그가 형통한 자가 되어 그의 주인 애굽 사람의 집에 있으니 그의 주인이 여호와께서 그와 함께 하심을 보며 또 여호와께서 그의 범사에 형통하게 하심을 보았더라.”(창 39:2~3)

하나님은 당신이 이 땅에서 풍성한 은혜와 재물의 복을 받아 누리기 원하시며, 성령님과 함께 마음껏 꿈꾸며 살기 원하십니다.

당신에게는 어떤 꿈과 소원이 있습니까?

작은 것만 구하지 말고 큰 것도 구하기 바랍니다. 당신의 기도가 모두 응답 받고 하나님 나라에 크게 쓰임 받기를 축복합니다.

예수님은 무엇이든지 구하고 받았다고 믿으라고 하셨습니다.

“내가 너희에게 말하노니 무엇이든지 기도하고 구하는 것은 받은 줄로 믿으라. 그리하면 너희에게 그대로 되리라.”(막 11:24)

그동안 나는 이 말씀대로 많은 기도 응답을 받았습니다.

당신도 나처럼 날마다 기도 응답의 복을 받기 바랍니다.

기도 응답을 통해 인생을 만들어 나가십시오.

이것이 가장 아름다운 삶입니다.


## 항상 여호와를 경외하며 섬기라


당신은 여호와를 경외합니까?

나는 항상 하나님을 경외하며 섬깁니다.

하나님을 경외한다는 것은 하나님의 주권과 위엄, 그분의 영광 앞에서 무한한 존경심을 보이는 것을 말합니다. 마음과 뜻을 다해 그분을 향한 거룩한 존경심을 표현하는 것입니다.

죄인은 결코 하나님을 경외할 수 없습니다. 성경에서 말하는 죄인은 누굴까요? 단순히 윤리적이고 도덕적으로 부족한 사람이 아닌 '하나님의 존재를 인정하지 않는 사람'을 가리킵니다.

누가 하나님을 경외할 수 있을까요? 예수를 구주로 믿고 성령으로 거듭나 하나님의 자녀가 된 사람입니다. 그들은 하나님을 섬기며 경외합니다. '하나님을 경외하는 마음'이 당신의 보배입니다.

"네 시대에 평안함이 있으며 구원과 지혜와 지식이 풍성할 것이니 여호와를 경외함이 네 보배니라."(사 33:6)

당신의 시대에 평안함이 있기를 바랍니까? 구원과 지혜와 지식이 풍성하기 원하십니까? 그러면 예수를 구주로 믿으십시오.

"나는 별로 죄가 없는 것 같은데요. 법 없이도 살아요."

하지만 성경은 모든 사람이 죄인이라고 말합니다. "모든 사람이 죄를 범하였으매 하나님의 영광에 이르지 못하더니."(롬 3:23)

죄인이 회개하고 하나님이 이 땅에 보내신 그분의 아들 예수 그리스도를 구주로 믿으면 죄를 사함 받고 구원을 받고 하나님의 자녀가 됩니다. "영접하는 자 곧 그 이름을 믿는 자들에게 는 하나님의 자녀가 되는 권세를 주셨으니."(요1:12)

하나님의 자녀가 되었습니까? 항상 하나님을 경외하십시오.

내가 하나님을 경외할 때 주신 약속의 말씀이 하나 있습니다.

바로 이것입니다. "그는 자기를 경외하는 자들의 소원을 이루시며 또 그들의 부르짖음을 들으사 구원하시리로다."(시 145:19)

하나님은 그분을 경외하면 모든 복을 주신다고 약속하셨습니다.

예레미야 32장 37~42절을 보십시오.

"보라, 내가 노여움과 분함과 큰 분노로 그들을 쫓아 보내었던 모든 지방에서 그들을 모아들여 이곳으로 돌아오게 하여 안전히 살게 할 것이라. 그들은 내 백성이 되겠고 나는 그들의 하나님이 될 것이며 내가 그들에게 한 마음과 한 길을 주어 자기들과 자기 후손의 복을 위하여 항상 나를 경외하게 하고 내가 그들에게 복을 주기 위하여 그들을 떠나지 아니하리라 하는 영원한 언약을 그들에게 세우고 나를 경외함을 그들의 마음에 두어 나를 떠나지 않게 하고 내가 기쁨으로 그들에게 복을 주되 분명히 나의 마음과 정성을 다하여 그들을 이 땅에 심으리라. 여호와께서 이와 같이 말씀하시니라. 내가 이 백성에게 이 큰 재앙을 내린 것 같이 허락한 모든 복을 그들에게 내리리라."

이 말씀을 보면 하나님을 경외하는 마음은 사람이 스스로 가질 수 있는 것이 아니라 하나님이 부어 주시는 것임을 알게 됩니다.

인간의 힘과 능으로 하나님을 경외할 수 없습니다. 단지 하나님을 경외하겠다고 선택할 뿐입니다. 그렇게 하나님을 경외하겠다고 선택한 후에 성령님께 도움을 구해야 합니다. 그러면 성령님이 하나님을 경외하는 마음을 부어 주시고 지혜와 힘을 주십니다.

당신이 하나님을 경외하면 당신에게 임한 큰 재앙이 다 사라지고 하나님이 당신에게 허락한 모든 복을 받을 수 있게 됩니다.

하나님의 자녀가 되어 하나님의 나라를 유업으로 받으세요.

하나님을 경외하지 않는 자들은 하나님의 나라를 유업으로 받지 못합니다. 그러면 이 땅에서 평생 비참한 삶을 살게 됩니다.

"불의한 자가 하나님의 나라를 유업으로 받지 못할 줄을 알지 못하느냐? 미혹을 받지 말라. 음행하는 자나 우상 숭배하는 자나 간음하는 자나 탐색하는 자나 남색하는 자나 도적이나 탐욕을 부리는 자나 술 취하는 자나 모욕하는 자나 속여 빼앗는 자들은 하나님의 나라를 유업으로 받지 못하리라."(고전 6:9~10)


## 그리스도 안에서 잠자는 자들에 대하여

당신은 부활을 믿습니까? 나는 부활을 믿습니다.

우리를 구원하러 오신 예수님은 말씀하셨습니다. "나는 부활이요 생명이니 나를 믿는 자는 죽어도 살겠고 무릇 살아서 나를 믿는 자는 영원히 죽지 아니하리니 이것을 네가 믿느냐?"(요 11:25~26)

그렇습니다. 하나님의 자녀에게는 죽음이 없습니다.

예수님을 믿는 사람은 죽어도 살겠고 무릇 살아서 예수님을 믿는 자는 영원히 죽지 않습니다. 영원한 생명, 큰 생명, 새 생명이 그 사람 안에 가득히 있기 때문입니다. 당신은 이 땅에서 장수할 뿐만 아니라 천국에 가서도 영원히 삽니다. 천국에 가고 싶습니까?

많은 사람들이 천국에는 가고 싶어 하면서 '이별과 죽음'을 두려워합니다. 이별과 죽음은 통의 한 방울 물과 같이 작은 것입니다.

그걸 크게 여기거나 두려워하거나 슬퍼하면 안 됩니다.

어떤 계기로 인해 먼저 천국으로 이민 가는 분들에 대해 기쁨으로 환송해야 합니다. 너무 슬프고 가슴 아프다고요? 아닙니다.

친구 중에 외국으로 이민 간 사람이 있습니까? 사람들이 그 친구를 떠올리면서 밤낮 슬퍼하거나 우울해 하지 않았습니다. 외국으로 이민 가는 것보다 천국으로 이민 가는 것은 억만 배나 좋습니다.

당신이 어떤 것을 상상하든, 천국은 당신이 상상하는 것보다 억만 배나 좋은 곳입니다. 천국으로 가는 것은 가장 큰 복입니다.

바울은 천국의 소망에 대해 이렇게 말했습니다.

"만일 그리스도 안에서 우리가 바라는 것이 다만 이 세상의 삶뿐이면 모든 사람 가운데 우리가 더욱 불쌍한 자이리라. 그러나 이제 그리스도께서 죽은 자 가운데서 다시 살아나사 잠자는 자들의 첫 열매가 되셨도다. 사망이 한 사람으로 말미암았으니 죽은 자의 부활도 한 사람으로 말미암는도다. 아담 안에서 모든 사람이 죽은 것 같이 그리스도 안에서 모든 사람이 삶을 얻으리라."(고전 15:19~22)

예수님이 재림하실 때 우리는 모두 천국으로 이민 갑니다.

"주께서 호령과 천사장의 소리와 하나님의 나팔 소리로 친히 하늘로부터 강림하시리니 그리스도 안에서 죽은 자들이 먼저 일어나고 그 후에 우리 살아남은 자들도 그들과 함께 구름 속으로 끌어 올려 공중에서 주를 영접하게 하시리니 그리하여 우리가 항상 주와 함께 있으리라. 그러므로 이러한 말로 서로 위로하라."(살전 4:16~18)

그리스도 밖에서 죽은 자들 곧 불신자들은 모두 마귀와 함께 구더기도 죽지 않는 영원한 불못인 지옥에 던져집니다.

"또 그들을 미혹하는 마귀가 불과 유황 못에 던져지니 거기는 그 짐승과 거짓 선지자도 있어 세세토록 밤낮 괴로움을 받으리라. 또 내가 크고 흰 보좌와 그 위에 앉으신 이를 보니 땅과 하늘이 그 앞에서 피하여 간 데 없더라. 또 내가 보니 죽은 자들이 큰 자나 작은 자나 그 보좌 앞에 서 있는데 책들이 펴 있고 또 다른 책이 펴졌으니 곧 생명책이라. 죽은 자들이 자기 행위를 따라 책들에 기록된 대로 심판을 받으니 바다가 그 가운데에서 죽은 자들을 내주고 또 사망과 음부도 그 가운데에서 죽은 자들을 내주매 각 사람이 자기의 행위대로 심판을 받고 사망과 음부도 불못에 던져지니 이것은 둘째 사망 곧 불못이라. 누구든지 생명책에 기록되지 못한 자는 불못에 던져지더라."(계 20:10~15)

당신이 아직 그리스도 밖에 있다면 이 시간 예수를 구주로 영접하고 구원 받기 바랍니다. 이렇게 따라 기도하십시오.

"사랑하시는 주 예수님, 예수님께서 나를 위해 죽으시고 부활하신 하나님의 아들이심을 믿습니다. 예수님의 보혈로 저의 모든 죄를 씻어 주시고 구원해 주세요. 예수님의 이름으로 기도합니다. 아멘."

당신은 이제 그리스도 안에 있습니다. 우리 주 예수 그리스도로 말미암아 우리에게 승리를 주시는 하나님께 감사드립니다.


## 이 세상 집보다 억만 배나 좋은 영원한 집

당신은 고향 집에 대한 기억이 있습니까?

내 고향집 둘레에는 감나무, 살구나무, 모과나무가 심어져 있었습니다. 할머니는 감꽃이 지고 열매가 열리면 새파란 감을 따서 소금물이 담긴 항아리에 담아 방에 두셨습니다. 얼마 후에는 쓴 맛이 사라지고 단맛이 되어 그 감을 단감처럼 먹을 수 있었습니다. 그리고 살구가 익으면 밤나무처럼 떨어지기를 기다렸습니다.

장독 뒤에는 널따랗게 작은 대나무가 있어 윗집과 우리 집 사이의 울타리가 되었습니다. 탐스럽게 익은 새빨간 앵두나무는 나의 손길이 가게 했습니다. 탱자나무와 골단추도 기억납니다.

우리 영혼의 고향집은 하늘나라입니다. 그곳은 이 세상 고향집보다 억만 배나 아름답고 멋지고 좋습니다. 하나님의 영광이 있고 생명나무와 열두 가지 열매가 있습니다. 어떤 모습일까요?

"또 그가 수정 같이 맑은 생명수의 강을 내게 보이니 하나님과 및 어린 양의 보좌로부터 나와서 길 가운데로 흐르더라. 강 좌우에 생명

나무가 있어 열두 가지 열매를 맺되 달마다 그 열매를 맺고 그 나무 잎사귀들은 만국을 치료하기 위하여 있더라. 다시 저주가 없으며 하나님과 그 어린 양의 보좌가 그 가운데에 있으리니 그의 종들이 그를 섬기며 그의 얼굴을 볼 터이요 그의 이름도 그들의 이마에 있으리라. 다시 밤이 없겠고 등불과 햇빛이 쓸 데 없으니 이는 주 하나님이 그들에게 비치심이라. 그들이 세세토록 왕 노릇 하리로다."(계22:1~5)

이 세상 만물과 사람을 지으신 창조주 하나님은 그분의 나라에 영원한 집을 만드시고 우리와 함께 영원히 살기 원하셨습니다.

하지만 그분의 나라에는 죄가 있으면 갈 수 없습니다. 오직 예수님의 보혈의 공로를 힘입어 죄를 사함 받아야만 갈 수 있습니다.

예수님의 십자가 속량의 은혜를 믿음으로 하나님처럼 의로운 자가 된 사람은 천국 곧 하늘에 있는 영원한 집에 들어가 그분과 함께 영원히 살 수 있습니다. "만일 땅에 있는 우리의 장막 집이 무너지면 하나님께서 지으신 집 곧 손으로 지은 것이 아니요 '하늘에 있는 영원한 집'이 우리에게 있는 줄 아느니라."(고후 5:1)

십자가에 못 박혀 죽으시고 부활 승천하신 예수님도 아버지 집에 가셨습니다. 그곳에서 우리를 위하여 거처를 예비하고 계십니다.

"너희는 마음에 근심하지 말라. 하나님을 믿으니 또 나를 믿으라. 내 아버지 집에 거할 곳이 많도다. 그렇지 않으면 너희에게 일렀으리라. 내가 너희를 위하여 거처를 예비하러 가노니 가서 너희를 위하여 거처를 예비하면 내가 다시 와서 너희를 내게로 영접하여 나 있는 곳에 너희도 있게 하리라."(요 14:1~3)

죽으면 그만이라고요? 아닙니다. 그 후에는 반드시 심판이 있고 영원한 불못과 영원한 천국이 기다리고 있습니다. 이 땅에서 100년, 200년 사는 것은 통의 한 방울의 물과 같이 작습니다. 금방 지나갑니다. 성령님께는 천년도 한 방울의 물과 같이 작습니다.

시편 기자는 말했습니다. "주의 목전에는 천년이 지나간 어제 같으며 밤의 한 순간 같을 뿐임이니이다."(시 90:4)

베드로도 말했습니다. "사랑하는 자들아, 주께는 하루가 천년 같고 천년이 하루 같다는 이 한 가지를 잊지 말라."(벧후 3:8)

우리는 영혼을 가졌기 때문에 영원히 삽니다. 하루 있다 가는 하루살이가 아닙니다. 그러므로 반드시 영혼 구원을 받아야 합니다.

나는 당신에게 이렇게 부탁하고 싶습니다.

"많은 사람들이 영원한 집에 갈 수 있도록 전도하고 선교하는 주님의 종으로 사세요. 이것이 가장 귀한 일입니다."


## 성공하려면 끝에서부터 시작하라

당신은 진정으로 성공하기를 원합니까?

크게 성공하려면 끝에서부터 시작해야 합니다.

모든 성공의 끝은 무엇일까요? '영혼 구원'입니다. 이 땅에서 가장 큰 성공도 영혼 구원입니다. 영원히 사는 영혼 구원의 문제에 비하면 이 세상의 다른 모든 성공은 점과 같이 작은 일에 불과합니다.

이 문제부터 먼저 해결해 놓고 다른 일을 해야 합니다.

사람들은 생각합니다. '지금은 너무 바빠, 크게 성공하면 그때 아내와 산책하고 아이들과 놀아야지.' 참으로 미련한 계획입니다.

지금 아내와 산책하고 아이들과 먼저 놀아야 합니다.

인생의 모든 것이 이와 같습니다. '젊었을 때 내 마음대로 살다가 죽기 전에 예수 믿고 천국 가면 돼.' 정말 어리석은 생각입니다.

오늘밤에 자신이 죽을지 누가 알겠습니까?

예수님은 '어리석은 부자'에 대해 비유로 말씀하셨습니다.

"한 부자가 그 밭에 소출이 풍성하매 심중에 생각하여 이르되 내가 곡식 쌓아 둘 곳이 없으니 어찌할까 하고 또 이르되 내가 이렇게 하리라 내 곳간을 헐고 더 크게 짓고 내 모든 곡식과 물건을 거기 쌓아 두리라 또 내가 내 영혼에게 이르되 영혼아 여러 해 쓸 물건을 많이 쌓아 두었으니 평안히 쉬고 먹고 마시고 즐거워하자 하리라 하되 하나님은 이르시되 어리석은 자여 오늘 밤에 네 영혼을 도로 찾으리니 그러면 네 준비한 것이 누구의 것이 되겠느냐?"(눅 12:16~20)

세상에서 가장 중대하고 긴급한 일은 죄 사함을 받는 것입니다.

만사를 제쳐 두고 이 문제부터 해결하고 다른 일을 해야 합니다.

나는 예수님을 믿고 내 모든 죄가 용서받았습니다.

십자가에 매달리신 예수님을 생각할 때마다 '얼마나 아프실까?'라는 생각이 들고 '예수님이 죄인인 나를 위하여 이 일을 하셨구나. 이분 때문에 내가 의롭게 되었구나'라는 생각에 이르게 합니다.

"우리는 다 양 같아서 그릇 행하여 각기 제 길로 갔거늘 여호와께서는 우리 모두의 죄악을 그에게 담당시키셨도다."(사 53:6)

"모두 다 양 같아서 그릇 행하여 제 길로 갔다"는 말은 '하나님을 믿지 않았다. 그분을 대적하고 반역했다. 그분이 기뻐하지 않는 불신의 길로 떠나갔다'는 뜻입니다. 이것이 가장 큰 죄입니다.

하나님은 이러한 죄인들과 함께 할 수가 없었습니다.

하나님과의 관계가 완전히 단절된 것입니다. 이런 죄를 용서받으려면 그분께로 돌이키고 그분을 믿는 길 밖에 없습니다. 누구든지 죄를 용서받지 않으면 영원한 형벌에 처한다는 걸 알아야 합니다.

예수를 믿고 하나님의 자녀가 되기 전의 우리 모습은 어땠나요?

과연 행복했습니까? 싸우고 다투고 시기하고 미워하고 진리를 거슬러 거짓말하지 않았나요? "시기와 다툼이 있는 곳에는 혼란과 모든 악한 일이 있음이라"(약 3:16)고 했습니다.

세상과 벗되려고 하지 말고 세상을 통제하고 통치하십시오.

"간음한 여인들아, 세상과 벗된 것이 하나님과 원수 됨을 알지 못하느냐? 그런즉 누구든지 세상과 벗이 되고자 하는 자는 스스로 하나님과 원수 되는 것이니라."(약 4:4)

이 세상은 통의 한 방울 물과 같이 작으며, 당신이 다스려야 할 대상입니다. 하나님과 원수가 되려면 세상과 벗하면 됩니다. 그러지 마십시오. 하나님과 원수 되면 결코 행복하지 않습니다. 하나님을 가까이 하세요. 그러면 하나님이 당신을 가까이 하실 것입니다.

하나님과 원수 되었던 우리를 화평케 하러 오신 예수님께 감사드리며 그 이름으로 승리하는 복된 사람이 되길 축복합니다.

"나의 주 예수님, 억만 번이나 감사합니다."

# 절대 긍정의 믿음으로 성령님과 교통하라

## 나는 날마다 하늘나라를 경험하며 산다

당신은 날마다 하늘나라를 경험하며 살고 있습니까?

하늘나라가 무엇일까요? 성령님의 임재와 능력입니다.

"하나님의 나라는 말에 있지 아니하고 오직 능력에 있음이라"(고전 4:20)고 했습니다. 성령님은 하나님의 나라를 가지고 당신 안에 오셨습니다. 오순절에 성령이 임할 때, 하나님은 120명에게 방언의 은사를 주셨습니다. 내 영혼은 방언을 많이 말하므로 강해집니다.

나는 하나님의 세미한 음성을 잘 듣는데, 이는 영의 기도인 방언을 통해 내 영혼을 성령의 능력으로 활성화하기 때문입니다.

바울이 약할 때 강했던 것처럼 나도 약할 때 방언을 많이 말하므로 성령의 능력을 통한 새 힘을 얻습니다.

성령님은 내게 "깨어 있으라"(골 4:2)고 말씀하셨습니다. 그래서 나는 항상 기뻐하며, 쉬지 않고 기도하며, 범사에 감사합니다.

내가 하나님의 말씀을 읽을 때 내 안에 계신 성령님께서는 순간마다 놀라운 깨달음들을 주십니다. 나는 그것을 노트에 적습니다.

믿음은 들음에서 납니다. 그래서 나는 그것을 입술로 중얼거리며 말합니다. 그럴 때 내 믿음이 증가합니다. 내가 주의 말씀을 소리 내어 입술로 말하면서 시인하면 내 귀가 그것을 듣습니다.

제자들이 예수님께 믿음을 증가시키는 방법을 알려 달라고 했을 때 예수님은 "말하라. 그러면 믿음이 증가된다"고 하셨습니다.

"사도들이 주께 여짜오되 우리에게 믿음을 더하소서 하니 주께서 이르시되 너희에게 겨자씨 한 알만한 믿음이 있었더라면 이 뽕나무 더러 뿌리가 뽑혀 바다에 심기어라 하였을 것이요 그것이 너희에게 순종하였으리라."(눅 17:5~6)

일시적으로 눈에 보이는 현상을 믿고 말하지 마십시오.

당신이 진정으로 원하는 것만 믿음으로 말하십시오. 그러면 그 믿음대로 다 됩니다. 당신도 더 큰 믿음을 얻고 강해질 것입니다.

김열방 목사님의 책 〈성령님과 친밀하게 교제하는 법〉을 보면 더욱 실감할 수 있습니다. 마귀는 거짓의 아비이며 거짓을 속삭입니다. 마귀는 그의 졸개인 귀신들과 주위 사람들을 통해 온갖 부정적인 말의 불화살을 쏩니다. 이것을 믿음의 방패로 막아야 합니다.

생각을 통해 오는 부정적인 말도 모두 무시해야 합니다. 오직 성령님의 음성에만 귀를 기울이고 순종해야 합니다. 성령님의 음성은 빛과 같습니다. 그분의 음성을 듣는 사람은 이 어둔 세상 사람들 사이에서도 빛을 발하며 살아갑니다. 하나님은 말씀하십니다.

"사람의 생각과 나의 생각이 다르다."

우리는 하나님의 종이 되었기 때문에 어떤 경우에도 사람의 생각을 선택하지 말고 하나님의 생각을 선택해야 합니다.

"이는 내 생각이 너희의 생각과 다르며 내 길은 너희의 길과 다름이니라. 여호와의 말씀이니라. 이는 하늘이 땅보다 높음 같이 내 길은 너희의 길보다 높으며 내 생각은 너희의 생각보다 높음이니라. 이는 비와 눈이 하늘로부터 내려서 그리로 되돌아가지 아니하고 땅을 적셔서 소출이 나게 하며 싹이 나게 하여 파종하는 자에게는 종자를 주며 먹는 자에게는 양식을 줌과 같이 내 입에서 나가는 말도 이와 같이 헛되이 내게로 되돌아오지 아니하고 나의 기뻐하는 뜻을 이루며 내가 보낸 일에 형통함이니라."(사 55:8~11)

우리는 세상 모든 사람들의 말보다 '주의 말씀'을 더 높게 여겨야 합니다. 주의 말씀을 따라 믿고 말하고 행동해야 합니다.

우리가 이 세상에 살 때 두 종류의 생각으로 나뉩니다. 육신의 생각과 성령의 생각입니다. 사람들의 생각과 하나님의 생각입니다.

하나님은 "내 생각은 너희 생각과 다르다"고 하십니다.

사람들의 생각은 땅에서 난 것이므로 땅의 일만 생각합니다.

하나님의 생각은 위에서 난 것이므로 위의 일을 생각합니다.

예수님은 "내가 땅의 일을 말하여도 너희가 믿지 아니하거든 하물며 하늘의 일을 말하면 어떻게 믿겠느냐?"(요 3:12)라고 하셨습니다. 예수님은 제자들과 군중에게 하늘의 일을 말씀하셨습니다.

예수님을 구주로 믿는 자는 하늘의 일을 생각하고 말합니다.

그 영혼에 성령님이 함께 계시므로 하늘의 권세로 땅의 권세를 다스리며 살아갑니다. 어떤 일이 있을 때마다 성령님께 지혜를 구하며 복음적인 사람으로 천국같이 행복하게 살아갑니다.


## 믿는 자의 정체성은 하나님의 자녀의 신분이다

당신은 자신에 대해 어떤 정체성을 갖고 있습니까?

하루는 성령님께서 내게 말씀을 통해 음성을 주셨는데 "내 백성이 지식이 없으므로 망한다"(호 4:6)고 하셨습니다.

나는 사람이 주는 지혜와 지식보다 성령님이 주시는 지혜와 지식을 더 귀하게 여기고 소중히 간직합니다. 내 육신의 생각보다 성령님의 생각을 더 크게 여기며 항상 그분의 음성에 순종합니다.

예수님이 이 땅에 오셔서 모든 일을 이루셨습니다. 그러므로 세상의 철학과 헛된 속임수에 빠지지 않도록 늘 깨어 있어야 합니다.

"누가 철학과 헛된 속임수로 너희를 사로잡을까 주의하라. 이것은 사람의 전통과 세상의 초등 학문을 따름이요 그리스도를 따름이 아니니라. 그 안에는 신성의 모든 충만이 육체로 거하시고 너희도 그 안에서 충만하여졌으니 그는 모든 통치자와 권세의 머리시라. 또 그 안에서 너희가 손으로 하지 아니한 할례를 받았으니 곧 육의 몸을 벗는 것이요 그리스도의 할례니라. 너희가 세례로 그리스도와 함께 장사되고 또 죽은 자들 가운데서 그를 일으키신 하나님의 역사를 믿음으로 말미암아 그 안에서 함께 일으키심을 받았느니라. 또 범죄와 육체의 무할례로 죽었던 너희를 하나님이 그와 함께 살리시고 우리의 모든 죄를 사하시고 우리를 거스르고 불리하게 하는 법조문으로 쓴 증서를 지우시고 제하여 버리사 십자가에 못 박으시고 통치자들과 권세들을 무력화하여 드러내어 구경거리로 삼으시고 십자가로 그들을 이기셨느니라."(골 2:8~15)

그분이 십자가로 승리하셨습니다. 이 얼마나 놀라운 일입니까?

그리고 승리하신 예수님이 열어 놓으신 길로 성령님이 오셨습니다. 성령님은 예수님이 다 이루어 놓으신 속량의 사건을 온 천하에 전파하기 위해 오셨습니다. 우리는 성령님의 인도하심을 따라 복음을 전하면 됩니다. 이것이 승리의 길이며 하나님의 길입니다. 우리는 모든 때에 모든 방법으로 모든 사람에게 복음을 전해야 합니다.

그래서 나는 이렇게 책으로 복음을 전합니다. 당신도 책을 써냄으로 책으로 전도하고 선교하기 바랍니다. 당신의 삶과 깨달음을 담은 책은 당신의 분신이 되어 당신 대신 전국과 세계를 다니며 복음을 전파합니다. 이것은 하나님의 탁월한 전략입니다.

하나님은 "네가 복음을 전하지 않으면 너에게 피 값을 묻겠다."고 하셨습니다. 바울도 "복음을 전하지 않으면 내게 화가 닥친다"고 했습니다. 전하지 않으면 듣지 못합니다. 듣지 못하면 믿지 못합니다. 믿지 못하면 구원을 얻지 못합니다. 그러면 세상 모든 사람들이 하나님께 소망을 두지 않고 세상 임금인 마귀의 종이 됩니다. 이런 이유로 성령님께서 내게 '복음을 전하라'는 음성을 주셨습니다.

고린도전서 9장 16절에 이렇게 말씀합니다.

"내가 복음을 전할지라도 자랑할 것이 없음은 내가 부득불 할 일임이라. 만일 복음을 전하지 아니하면 내게 화가 있을 것이로다."

나는 만나는 사람에게 예수 이름을 선포하며 복음을 전합니다.

나는 사람을 조금도 두려워하지 않습니다. 성령님이 나의 인도자와 보호자가 되시기 때문입니다. 성령님은 추수하는 주인이십니다.

내가 복음을 전할 때 성령님은 내 안에서 하나님의 말씀이 기억나고 생각나게 하시고 담대하게 그것을 전하게 하십니다.

당신도 성령님과 함께 복음을 전하는 전도자가 되십시오.

"오직 성령이 너희에게 임하시면 너희가 권능을 받고 예루살렘과 온 유대와 사마리아와 땅 끝까지 이르러 내 증인이 되리라."(행 1:8)


## 나의 사랑하는 성령님, 감사합니다

당신은 성령님을 많이 사랑합니까?

나는 마음을 다하고 목숨을 다하고 힘을 다하고 뜻을 다해 그분을 사랑합니다. 나는 김열방 목사님의 책 〈성령님의 음성을 듣는 비결〉을 읽고 많은 깨달음을 얻었습니다. 아침에 일어나면 "성령님. 많이 사랑합니다"라고 사랑을 고백하고 성령님께 도움을 구합니다. 세상을 이길 수 있는 믿음도 달라고 구합니다. 순간순간 생활에서도 성령님과 함께하며 그분의 인도하심을 구하며 살아갑니다.

마귀는 부정적인 생각을 던지며 사람을 괴롭힙니다.

나는 항상 정신을 바짝 차리고 깨어 있습니다. 그리고 예수 이름으로 부정적인 생각을 물리치고 오직 하나님의 말씀을 따라 삽니다.

"예수 이름으로 명하노니 부정적인 생각은 사라져라."

나는 하나님의 은혜로 말미암아 그리스도 안에서 의인이 되었고 그리스도 안에 있는 나 자신을 정죄하거나 책망하지 않습니다. 당신도 자신을 정죄하거나 책망하지 마십시오. "그러므로 이제 그리스도 예수 안에 있는 자에게는 결코 정죄함이 없나니."(롬 8:1)

성령님은 그동안 내게 많은 지혜를 주셨습니다. 물질 문제도 잘 다스리게 해주셨습니다. 그래서 가이사의 것은 가이사에게, 하나님의 것은 하나님께 바칩니다. 예수님이 말씀하셨습니다. "가이사의 것은 가이사에게, 하나님의 것은 하나님께 바치라."(마 22:21)

물질 문제는 잘 구분해서 관리하는 것이 지혜입니다.

성령님은 내게 '영 혼 육이 말씀과 기도로 균형 있게 성장해야 한다'고 감동하셨습니다. 또한 내가 하나님의 자녀로서 가정과 직장, 교회 등 여러모로 주 안에서 잘 살도록 인도하셨습니다. 나는 날마다 정신 차리고 삽니다. 그리스도 안에 있는 나를 발견하고 믿음으로 삽니다. 주님 앞에서 사람을 두려워하지 않고 담대히 삽니다.


## 성령님은 부지런히 움직이는 영이다

당신은 성령님을 어떤 분으로 알고 있습니까?

내가 아는 성령님은 가만있지 않고 움직이는 분이십니다. 성령님은 불의 혀 같이, 급하고 강한 바람처럼 움직이십니다. 믿음도 '움직이는 것'입니다. 그분은 바람처럼 임의로 움직이십니다. "바람이 임의로 불매 네가 그 소리는 들어도 어디서 와서 어디로 가는지 알지 못하나니 성령으로 난 사람도 다 그러하니라."(요 3:8)

우리도 부지런히 움직여야 합니다. 그렇다고 육체를 따라 움직이라는 말이 아닙니다. 성령님의 인도하심을 좇아 움직여야 합니다.

한 때 나는 분식집을 운영한 적이 있습니다. 점심시간에 중년 남자들이 왔는데 한 분이 이런 말을 했습니다. 자기 아내가 교회 다니는데 집에 오면 아무것도 안하고 잠만 자고 일어나 나간다는 것입니다. 이불도 정리하지 않고 교회에서 살다시피 한다고 했습니다.

그 말을 듣는 순간 내 양심도 찔렸습니다. 나는 그때 '하나님이 보내셨나 보다'라고 생각하며 "그래요? 제가 기도할게요" 하고 대화를 끝냈는데 가만 생각해보니 그렇게 행동하는 분이 많았습니다.

하나님을 바로 알지 못해서 그런 것 같습니다.

하나님은 그분의 자녀가 부지런하기를 원하십니다. 게으른 자는 지혜 없는 자입니다. 솔로몬은 말했습니다. "내가 게으른 자의 밭과 지혜 없는 자의 포도원을 지나며 본즉 가시덤불이 그 전부에 퍼졌으며 그 지면이 거친 풀로 덮였고 돌담이 무너져 있기로 내가 보고 생각이 깊었고 내가 보고 훈계를 받았노라."(잠 24:30~32)

우리는 성령님께 가정과 직장 생활에 대한 지혜를 구해야 합니다. 생활 전반에 걸쳐 필요한 구체적인 하나님의 말씀을 구해야 합니다. 하나님의 말씀을 제대로 알지 못하면 자기 생각으로 주의 일을 한다고 가정을 내팽개치게 됩니다. 말씀을 잘 알아야 합니다.

말씀이 곧 하나님 자신입니다. 하나님은 말씀으로 천지를 창조하셨습니다. 그러므로 말씀은 우주 만물보다 크고 강합니다.

"태초에 말씀이 계시니라. 이 말씀이 하나님과 함께 계셨으니 이 말씀은 곧 하나님이시니라."(요 1:1)

하나님께서는 내게 '말씀'을 주셨습니다. 이 말씀이 곧 하나님이라는 것을 처음부터 알았습니다. 연약한 내가 말씀을 받아 강해졌습니다. 나는 성령님의 도우심과 말씀의 힘으로 살아가고 있습니다.

성령님은 나에게 하나님의 말씀으로 함께하시므로 모든 일에 승리하게 하시고 또 생명의 성령의 법으로 승리하게 하셨습니다.

당신도 말씀을 존중하고 높이고 따르기 바랍니다.


## 항상 긍정적인 생각만 하라

당신은 항상 긍정적인 생각만 합니까?

나는 성령님의 도우심을 따라 긍정적인 생각만 하며 삽니다.

"긍정적이다"라는 말은 '주의 말씀에 대한 믿음의 생각'을 뜻합니다. 죄를 짓는 것만 아니라면 우리는 모든 일에 긍정적으로 생각하며 믿음으로 반응해야 합니다. 지옥에는 부정적인 생각이 가득하지만 천국에는 부정적인 생각이 없습니다. 하나님의 말씀은 조금도 의심하지 않고 온전히 믿는 자 가운데서 강력하게 역사합니다.

사도 바울은 믿음으로 반응하는 것에 대해 칭찬했습니다. "너희가 우리에게 들은 바 하나님의 말씀을 받을 때에 사람의 말로 받지 아니하고 하나님의 말씀으로 받음이니 진실로 그러하도다. 이 말씀이 또한 너희 믿는 자 가운데에서 역사하느니라."(살전 2:13)

오직 성령과 말씀을 따라 긍정적인 삶을 살아야 합니다.

나는 모든 일에 정신을 바짝 차리고 믿음의 생각만 선택합니다.

말씀이 곧 하나님이기에 부정적인 말과 생각들을 대적하고 오직 믿음의 말과 생각을 선택합니다. 긍정의 말만 선포하며 삽니다.

이 혼탁한 세상에 믿음이 없으면 살아갈 수 없습니다.

"누구든지 진 자는 이긴 자의 종이 됨이라"(벧후 2:19)고 했습니다. 우리가 말씀을 따라 살면 이길 수 있습니다. 그렇지 않고 주위 사람들의 부정적인 말에 지면 마귀의 종이 될 수밖에 없습니다.

오직 성령의 충만을 받아야 합니다. 성령의 검 곧 하나님의 말씀으로 마귀와 싸워야 합니다. "말씀을 읽고 듣고 지키는 자가 복이 있다"고 했습니다. 나는 주의 말씀을 붙들고 이긴 자로 삽니다.

또한 나는 성령의 힘으로 살아가려고 방언을 많이 말합니다. 방언을 많이 하면 영이 강해집니다. 그리고 나는 하나님의 말씀을 생각하고 그 생각을 믿음으로 선포하므로 하나님의 말씀과 내 생각을 일치시킵니다. 하나님의 생각인 말씀으로 내 생각을 크게 하고 내 마음도 바다처럼 넓힙니다. 그리고 어떤 문제가 생기면 사람들의 말이 아닌 주님의 음성을 듣고 오직 믿음으로 해결합니다.

성경에 "사람이 떡으로만 살 것이 아니요 하나님의 입에서 나오는 모든 말씀으로 살 것이라"고 했습니다. 그렇습니다. 우리는 하나님의 말씀을 사모하고 그 말씀에 대한 절대 긍정의 믿음을 가져야 합니다. 하나님의 자녀로서 오직 믿음의 말만 하며 살아야 합니다.

당신도 하나님의 말씀을 혀에 두기 바랍니다. "여호와의 영이 나를 통하여 말씀하심이여, 그의 말씀이 내 혀에 있도다."(삼하 23:2)

사람이 마음에 계획한 대로 다 이루어지는 것은 아닙니다. 하지만 입술로 내뱉은 말대로 다 이루어진다고 성경은 말씀합니다. "사람은 입에서 나오는 열매로 말미암아 배부르게 되나니 곧 그의 입술에서 나는 것으로 말미암아 만족하게 되느니라."(잠 18:20)

당신의 입술에 사람의 말이 아닌 하나님의 말씀을 두십시오.

그러면 그 말씀대로 좋은 열매를 맺게 될 것입니다.


## 죽고 사는 것이 혀의 권세에 있다

당신은 평소에 사람들을 만나면 어떤 말을 합니까?

나는 하나님의 말씀을 내 혀에 두고 믿음의 말을 합니다.

"죽고 사는 것이 혀의 권세에 있다"고 했기에 아무리 기분 나쁜 일이 있어도 믿음의 말, 감사의 말, 잘된다는 말, 더 좋은 길로 인도하신다는 말을 합니다. 하나님은 분명히 약속하셨습니다. "너희 말이 내 귀에 들린 대로 내가 너희에게 행하리라."(민 14:28)

그러므로 우리는 부정적인 말을 하지 말고 믿음의 말을 해야 합니다. 나는 성령님이 내 마음에 주시는 말씀을 꼭 붙잡습니다. 그리고 그 말씀을 내 입에 둡니다. 로마서 10장 8절에 말씀합니다.

"그러면 무엇을 말하느냐? 말씀이 네게 가까워 네 입에 있으며 네 마음에 있다 하였으니 곧 우리가 전파하는 믿음의 말씀이라."

하나님의 말씀은 일점일획도 없어지지 않고 다 이루어집니다.

"진실로 너희에게 이르노니 천지가 없어지기 전에는 율법의 일점 일획도 결코 없어지지 아니하고 다 이루리라."(마 5:18)

하나님의 자녀는 혀로 저주하지 말고 오직 축복만 해야 합니다.

이것이 하나님께 큰 기쁨이 됩니다. 말씀에 "원수를 축복하고 저주하지 말라"고 했습니다. 이 말씀대로 나는 원수 곧 아무리 미운 사람이라도 그를 위해 기도하며 축복합니다. 그런 긍휼의 마음을 성령님이 내 안에 가득히 주십니다. 당신도 축복 기도만 하십시오.

"악을 악으로 갚지 말고 선으로 이기라"는 말씀도 있습니다.

나는 하나님의 말씀대로 실천합니다. 그러자 성령님은 내 마음에 미운 마음이 아닌 긍휼과 자비의 마음을 가득히 부어 주셨습니다. 이렇게 말씀을 청종하는 것이 내 믿음이고 내게 복이 되었습니다.

나는 진리의 말씀을 따라 삽니다. 성령님의 도우심으로 모든 삶에 감사하며 행하고 있습니다. 성령님은 나의 전부이십니다.

"성령님, 억만 번이나 사랑합니다."


## 남편을 조금도 두려워하지 마라

당신은 혹시 남편에 대한 두려움이 없습니까?

나도 예전에 그랬지만 지금은 조금도 두려워하지 않습니다.

남편을 조금도 두려워하지 마십시오. 당신 안에 생수의 강으로 가득히 들어와 계신 성령님의 믿음과 소망과 사랑의 마음으로 남편을 이해하고 용납하고 불쌍히 여기고 존중하십시오.

남편은 성령님이 보실 때 통의 한 방울 물과 같이 작습니다.

성령님의 마음으로 남편을 품으십시오. 남편이 표현하는 부정적인 말과 행동도 모두 통의 한 방울 물처럼 작게 여기십시오. 먼지와 티끌 같으며 아무것도 아닙니다. 남편의 변화를 위해 기도했다면 받은 줄로 믿고 기다리십시오. 10년, 20년 기다리는 것을 힘들다고 생각하지 말고 통의 한 방울 물처럼 여기고 오래 참으십시오.

예수 믿는 것 때문에 남편이 박해를 많이 한다고요?

괜찮습니다. 나도 그랬습니다. 박해는 모두에게 있습니다.

예수님은 "너희 중에 한두 사람이 만약에 박해를 받게 되면"이라고 하지 않고 "너희 모두에게 당연히 박해가 있다"고 하셨습니다.

"내가 너희에게 종이 주인보다 더 크지 못하다 한 말을 기억하라. 사람들이 나를 박해하였은즉 너희도 박해할 것이요."(요 15:20)

예수 믿은 초기에 남편은 내가 교회 간다고 많이 박해했습니다.

술을 먹고 와서 살림을 마구 부수고 폭력을 가했습니다. 그때부터 내 마음에 남편에 대한 두려움이 자리 잡게 되었습니다. 그래도 나는 성령을 받았기 때문에 예수님을 놓지 못했습니다. 예수를 만나고 내 마음에 평안이 가득했기에 신앙을 포기할 수 없었습니다.

성령님은 그런 나를 말씀으로 인도하셨습니다. 성령님은 내게 "두려워 말라, 내가 너와 함께 함이라. 놀라지 말라, 나는 네 하나님이 됨이라"는 말씀을 계속 주셨습니다. 그러나 한동안 이 말씀이 내게 실제적인 믿음이 되지 않고 관념으로만 남아 있었기에 내 마음은 여전히 두려움에 싸여 있었습니다. 어떻게 해야 할까요?

이렇게 말씀드리며 순간마다 성령님께 도움을 구했습니다.

"성령님, 조금도 두려워하지 않게 해주세요."

그러자 성령님이 조금도 두려워하지 않게 해주셨습니다.

나는 개척 교회를 다니면서 여러 가지 사역을 했습니다.

개척 교회다 보니 목사님이 내게 전도회장, 구역장, 주일학교 교사 등을 맡기셨습니다. 나는 열심히 기도하고 방언을 많이 말했습니다. 사람들 앞에 서서 구역을 이끌 때는 잠시 두려움이 생겼지만 내 마음에는 계속 '너는 두려워하지 마라, 네가 앞에 서면 내가 너를 통해 말할 것이다'라는 음성이 들렸습니다. 나는 내 안에서 들리는 그 소리를 듣고 즐겁게 사명을 감당할 수 있었습니다.

지금도 그런 음성이 내 안에서 들립니다. '네가 믿고 행하고 말할 때 담대하라. 담대하라. 하늘과 땅의 권세를 내가 너에게 주었다.'

나는 이 믿음을 가지고 기도하면서 앞으로 나아갑니다.

나는 믿음의 주인공, 축복의 주인공으로 살고 있습니다.

성령님의 인도하심을 따라 날마다 행복하게 살고 있습니다.

나는 어디에 가든지 기도하고 성령님이 순간마다 주시는 지혜와 지식을 구하고 받습니다. 이제는 두려운 것이 없습니다. 성령님이 나와 함께 계시므로 매사에 담대하게 행동하며 살아갑니다.

성령님은 내가 문제에 부딪혀 힘들어할 때마다 말씀을 떠올려 주십니다. 그 말씀이 내게 새 힘과 믿음이 되게 하십니다.

"성령님, 감사합니다."

## 안 되는 것을 되게 하시는 성령님

당신은 성령님을 어떤 분으로 알고 믿습니까?

내가 믿는 성령님은 '안 되는 것을 되게 하시는 분'입니다.

나는 마음에 말씀을 품고 삽니다. 일상에서도 입술로 진리의 말씀을 많이 고백합니다. 이 말씀이 내 영혼에 믿음이 되고 생명이 됩니다. 내 영의 양식이 되므로 주 안에서 든든히 살게 합니다.

2021년, 다니던 교회 목사님이 갑작스럽게 돌아가셨습니다.

나는 기도하면서 성령의 기름 부음이 있는 교회를 찾았습니다.

그러던 어느 날 '개척 교회를 섬기라'는 감동이 와서 한 개척 교회를 다니게 되었습니다. 목사님이 나를 전도사로 세워 주시고 주일 오후예배와 금요기도회를 이끌 수 있도록 하셨습니다.

그 교회는 종종 율법적인 내용의 메시지가 선포되었습니다.

나는 '복음과 믿음의 말씀'이 내 안에 자리 잡고 있었기에 그런 율법적인 설교를 받아들이기가 무척 힘들었습니다. 그래도 내 안에 계신 성령님이 '목회자가 하나님의 말씀을 가지고 설교하는 것이니 해석이 달라서 받아들이기 힘들어도 그가 전하는 성경 말씀은 있는 그대로 받아들이라'는 감동을 주셔서 순종했습니다.

나는 이미 이루어졌다는 믿음의 말씀을 선포하며 앞으로 나아가는 반면 그 교회 목사님은 현실 그대로를 보면서 기도와 사역을 하셨기에 내 마음이 너무 힘들었습니다. 인간적인 해석의 설교여서 내 마음에 감동이 없고 내 영이 공감하지 못하니 답답했습니다.

어느 날, 성령님께서 '내가 너를 택하여 세웠고 네가 어디를 가든지 열매를 맺으리라, 네가 무엇이든 예수 이름으로 기도하면 내가 응답하리라'는 말씀을 주셨기에 그 교회에서 나왔습니다. 나는 성령님의 음성에 대한 믿음을 가지고 개척하여 집에서 예배합니다.

나는 요즘 새벽기도와 수요일과 금요일에 성령의 감동을 따라 믿음의 말씀을 전하고 있습니다. 주일에 딸과 손자, 남편까지 함께 예배하며, 내가 말씀을 전할 때 성령님의 기름 부음이 흐름을 느낍니다. 내가 믿는 성령님은 죽은 자를 살리시며 없는 것들을 있는 것처럼 불러내시고 안 되는 것을 되게 하시는 하나님입니다.

성령님은 내가 계속 기도하고 말씀을 전하게 하십니다.

그렇게 내가 말씀을 전하고 예배가 끝나면 내 안에 계신 성령님께서는 남편과 자녀를 위해 기도하게 하십니다. 또한 국가와 민족을 위해, 북한 김정은과 주민들의 영혼 구원을 위해, 국내외 선교사님들과 많은 교회들과 선교지를 향해 기도하게 하십니다.

한번은 친정 엄마가 몸이 아픈 가운데 성령님께서 내게 말씀을 주셨습니다. "예수님이 채찍에 맞음으로 나음을 입었다."

이 말씀이 확신으로 다가와서, 이틀 동안 친정에 머물며 이 말씀을 입술로 고백하고 찬송을 부르고 가르쳤는데, 친정 엄마가 따라했습니다. 이 모든 것이 하나님의 은혜인 줄로 믿습니다.

예수님이 채찍에 맞음으로 당신도 나음을 얻었습니다.


## 모든 기도는 응답이 오는 때가 있다

당신은 기도 응답을 어떻게 받고 있습니까?

나는 처음 믿을 때부터 방언을 받았고 성경 말씀도 저절로 믿어졌습니다. 그래서 방언을 많이 했습니다. 방언을 말할 때 내 영혼이 힘을 얻고 내 마음에도 담대함이 생깁니다. 그래서 내 힘으로는 할 수 없는 것을 쉽게 하게 되는 것을 많이 경험했습니다.

나는 둘째가 갓난아기 때 등에 업고 교회에서 예배했습니다. 그때 나는 방언으로 기도하며 성령님과 계속 교통했습니다. 그러자 신기하게도 아들은 예배가 시작되면 잠들고 끝나면 깨곤 했습니다.

그래서 교회 집사님들이 "그 애가 참 신기하네, 예배 시간에 울지도 않고 끝나면 일어나네. 기적이다"라고 말을 많이 했습니다.

기도에는 응답이 빨리 되는 것도 있지만 인내가 필요한 것도 있음을 느낍니다. 성경은 "모든 것이 때가 있다"고 말씀합니다.

믿음으로 시작했으면 끝까지 믿음을 지켜야 합니다. 오늘도 믿음으로 살고 내일도 믿음으로 살아야 합니다. 그렇지 않으면 마귀에게 집니다. 의심하면 하나님의 종이 아니라 마귀의 종이 됩니다.

하나님은 의심을 가장 싫어하십니다. "오직 믿음으로 구하고 조금도 의심하지 말라. 의심하는 자는 마치 바람에 밀려 요동하는 바다 물결 같으니 이런 사람은 무엇이든지 주께 얻기를 생각하지 말라. 두 마음을 품어 모든 일에 정함이 없는 자로다."(약 1:6~8)

나는 믿음으로 기도한 후에 응답은 하나님께 맡깁니다. 그리고 성령님의 인도하심을 따라 가정과 이웃, 가는 곳마다 빛과 소금의 역할을 감당합니다. "믿음은 바라는 것들의 실상이요 보이지 않는 것들의 증거다"라는 말씀대로 결국 인생은 믿음대로 다 됩니다.

나는 날마다 생각을 크게 하고 믿음으로 삽니다. 내 인생에 어떤 문제가 생겨도 뒤로 물러가지 않습니다. 오직 예수 이름으로 명령하며 문제를 다스립니다. 날마다 기도하며 담대히 행합니다. 나는 기도할 때 내 꿈과 소원을 공책에 써서 구체적으로 구합니다.

하나님은 '막연한 하나님'이 아닌 '구체적인 하나님'이십니다.

당신이 은행에 돈을 맡겼다면 '구체적으로 얼마를, 어느 은행에, 언제 맡겼는지' 정확하게 알고 있을 것입니다. 기도하는 것도 이와 같이 구체적이어야 합니다. 당신이 하나님께 맡긴 꿈과 소원, 염려와 기도 제목을 정확하게 알고 있어야 합니다. 그래야 당신이 구한 것에 대한 응답이 하나님께로부터 왔다는 것을 알게 됩니다.

기도할 때 무엇을, 언제, 누구에게 맡겼는지 모르고 잊어버리는 사람이 많습니다. 그리고 막상 응답이 오면 우연이나 운이 좋아서 그렇다고 말하거나, 응답을 가져온 사람을 높이기도 합니다. 그러지 말아야 합니다. 모든 기도 응답은 예수님이 주신 것입니다. "내 이름으로 무엇이든지 내게 구하면 내가 행하리라."(요 14:14)

오직 예수님만 크게 여기고 자랑하기 바랍니다.

나는 기도하고 구한 것은 받았다고 믿고 완전히 맡깁니다.

"다 이루어졌음. 감사합니다. 하나님은 지금도 살아 계셔서 내 기도에 응답하고 계심을 믿습니다. 오늘도 기적이 일어납니다."

그리고 "예수 이름으로 이렇게 될지어다"라고 명령합니다.

나는 항상 절대 긍정의 믿음으로 살아갑니다. 예수님은 기도하고 구한 것은 받은 줄로 믿고 마음에 의심하지 말라고 하셨습니다.

"하나님을 믿으라. 내가 진실로 너희에게 이르노니 누구든지 이 산더러 들리어 바다에 던져지라 하며 그 말하는 것이 이루어질 줄 믿고 마음에 의심하지 아니하면 그대로 되리라. 그러므로 내가 너희에게 말하노니 무엇이든지 기도하고 구하는 것은 받은 줄로 믿으라. 그리하면 너희에게 그대로 되리라."(막 11:22~24)

마귀는 부정적인 생각을 일으키며 의심하게 합니다. 아담과 하와에게도 하나님의 말씀에 대한 의심을 일으키며 공격했습니다. 예수님에게도 "네가 만일 하나님의 아들이거든"이라며 공격했습니다.

마귀의 계략은 '의심과 불순종을 통한 반역'을 일으키는 것입니다. 그런 마귀의 계략에 속지 마십시오. 부정적인 생각은 예수 이름으로 대적하고 절대 긍정의 믿음으로 살아가십시오. 마귀에게 조금도 틈을 주지 마십시오. 순간마다 성령님의 인도를 받으십시오.

나는 천국 가는 그날까지 깨어 기도할 것입니다. 또한 모든 일에 성령님의 음성을 듣고 순종할 것입니다. 모든 문제에 감사할 것입니다. 영 혼 육, 전인격이 잘되기를 위해 기도하며 살 것입니다.

당신도 나처럼 전인 구원의 복을 받아 누리기 바랍니다.


## 영적 지도자를 만나게 해 달라고 기도하라

당신은 어떤 지도자를 하나님께 구합니까?

나는 오직 성령의 기름 부음을 따라 사는 믿음의 지도자, 마음이 온유한 지도자, 삶이 행복한 지도자, 성령의 흐름으로 말씀을 전하는 지도자를 만나게 해 달라고 기도했습니다. 그런 내 기도에 하나님이 응답하셨고 책을 통해 김열방 목사님을 알게 되었습니다.

그분이 쓴 〈성령님의 인도를 받는 비결〉〈성령님의 음성을 듣는 비결〉등 많은 책을 읽으면서 영적인 흐름에 감동이 되었고 한 줄 한 줄 책의 내용들이 믿음으로 내 가슴에 와 닿았습니다.

하나님은 살아 계십니다. 우리 마음과 생각을 다 아시고 우리의 모든 기도를 다 듣고 응답하십니다. 하나님은 다윗과 같이 그분의 마음에 합한 자를 찾고 계십니다. 주님이 인정하는 믿음을 가지고 간절히 기도하십시오. 그러면 성령님이 당신을 도우실 것입니다.

이 시대는 교회들마다 율법주의 교사들과 목회자가 많습니다.

그러기에 복음의 일꾼을 만나는 것은 아주 큰 축복입니다.

당신에게도 이런 '만남의 축복'이 있기를 바랍니다.

나는 그분의 책을 읽으며 많은 깨달음을 얻었습니다.

"우리는 그리스도 안에서 새로운 피조물, 왕 같은 제사장이 되었습니다. 생명같이 귀한 시간, 깨달음을 얻기 위해 투자해야 합니다. 우리는 생명의 성령의 법으로 자유를 얻었고 죄와 사망의 법은 더 이상 우리와 상관없습니다. 주의 영이 계신 곳에는 자유가 있습니다. 지금은 성령님의 시대입니다. 성령님이 각 개인과 함께하시므로 각 사람이 하나님의 성전이 되었습니다. 성령님이 진리를 깨달아 알게 하시고 성경 말씀이 기억나게 하십니다. 성령님이 우리를 가르치고 보호하고 인도하십니다. 성령님께 푹 빠져 사십시오."

이런 가르침을 하는 복음의 사람을 만나면 행복해집니다.

김열방 목사님의 책을 볼 때, 나는 그분이 복음의 일꾼이며 성령님의 인도함을 받으며 사는 믿음의 일꾼이라고 생각합니다. 지금은 마지막 때이며, 우리 모두는 정신 차리고 깨어 있어야 합니다.

그리고 죽도록 성령님을 의지해야 합니다.


## 나의 가장 좋은 친구이신 성령님

당신은 어떤 친구를 사귀고 있습니까?

단연코 세상에서 가장 좋은 친구는 성령님이십니다.

또한 이 땅에서 '다윗과 요나단'처럼 좋은 친구를 만나는 것은 큰 복입니다. 부정적인 친구, 율법주의 친구가 아닌 절대 긍정의 믿음을 가진 복음적인 친구를 만나게 해 달라고 기도하십시오. 그러면 주십니다. "너희가 얻지 못함은 구하지 아니함이라"고 했습니다.

나는 성령님의 인도하심을 따라 믿음의 친구를 구했습니다.

"성령님, 성령님의 인도함을 받는 좋은 친구를 만나 교제하게 해주세요"라고 기도했습니다. 주위에 착한 친구는 많지만 믿음의 대화를 나누며 성령님의 인도를 받는 사람은 찾기 어려웠습니다.

그러던 중에 성령님과 동행하며 신학교를 다니는 전도사님 한 분을 만났는데, 그분과 대화를 나누며 그분이 성령 안에서 말씀하시는 것을 받아들이며 나도 그렇게 살려고 노력했습니다. 성령님은 그분을 통해 내가 부정적인 말을 하지 않고 오직 믿음의 말만 하기를 원하셨습니다. 그 후로부터 나는 하나님의 말씀에 의지해 믿음의 말만 하기 시작했습니다. 그러자 그분도 기쁘다고 했습니다.

나는 "성령님, 감사합니다"라고 고백했습니다.

눈에 보이는 문제는 아무것도 아닙니다. 문제가 생길 때마다 성령님의 음성을 크게 생각하고 땅의 문제는 통의 한 방울 물처럼 작게 여겨야 합니다. 그래야 온전히 예수님을 따를 수 있습니다.

나는 믿음을 잃지 않고 성령님의 도우심으로 날마다 승리하는 삶을 살고 있습니다. 성경에 "네 믿음을 지켜라. 뒤로 물러가면 내 마음이 너를 기뻐하지 않는다"고 하셨기에 나는 믿음을 굳게 지킵니다. 믿음으로 성령님을 의지하면 그분이 모든 것을 도와주십니다.

성령님은 하나님의 깊은 것이라도 통달하십니다.

"성령님, 사랑하고 행복하고 감사합니다."


## 믿음은 하나님을 덩실덩실 춤추게 한다

당신은 무엇으로 하루하루를 살아갑니까?

나는 성령님과 함께 믿음으로 사는 의인입니다.

성경에 "의인이 믿음으로 살리라"고 했습니다. 무엇을 믿을까요?

나는 오직 성령님의 능력을 믿고 말씀의 힘으로 살아갑니다.

나는 하나님을 향한 견고한 믿음이 무엇보다 중요하다고 생각합니다. 그리고 성령님이 내 영혼에 주시는 말씀을 마음속에 새기고 입으로 선포하며 그 말씀이 나를 이끌어 나가게 합니다.

현실을 성령의 능력으로 꿋꿋이 이겨 나갑니다.

나는 이 말씀을 좋아합니다.

"믿음이 없이는 하나님을 기쁘시게 하지 못하나니 하나님께 나아가는 자는 반드시 그가 계신 것과 또한 그가 자기를 찾는 자들에게 상 주시는 이심을 믿어야 할지니라."(히 11:6)

하나님을 기쁘시게 하는 방법은 수만 가지가 아닙니다.

오직 한 가지 '믿음'뿐입니다. 내가 그분을 온전히 믿을 때 그분은 기뻐하십니다. 내가 그분을 믿지 않으면 그분은 슬퍼하십니다.

하나님이 덩실덩실 춤추며 기뻐하시는 모습을 보고 싶습니까?

육체의 행위가 아닌 온전한 믿음으로 그분께 나아가십시오.

눈에 보이는 모든 세계는 창조주 하나님이 말씀으로 지으셨습니다. 오늘날도 동일하게 하나님은 말씀을 통해 그분의 일을 행하십니다. '주의 말씀'에 권능이 있습니다. 말씀을 믿으십시오.

사도 바울은 오직 성령의 나타남과 능력으로만 복음을 전하기로 마음먹었습니다. 또한 교회에서 예수 그리스도와 그가 십자가에 못 박히신 것 외에는 아무것도 알지 않기로 작정하였습니다.

바울은 자신의 믿음에 대해 이렇게 말했습니다.

"내가 약한 데서 오히려 강해졌다. 내게 능력 주시는 자 안에서 내가 능치 못함이 없다. 나는 날마다 죽는다. 내 육신의 생각을 죽이고 성령의 능력과 인도하심을 따라 산다. 하나님이 주시는 초자연적인 평강으로 현실의 모든 문제와 고통을 초월하는 삶을 산다."

당신도 바울처럼 기도와 말씀으로 하나님이 기뻐하시는 삶을 살기 바랍니다. 천국 가는 그날까지 성령님과 함께 온 천하에 다니며 만민에게 복음을 전파하기 바랍니다. 당신 안에 생수의 강으로 들어와 계신 성령님의 도우심으로 당신의 가족과 열방의 잃은 영혼들을 예수님께로 인도하기 바랍니다. 이것이 최고의 삶입니다.

나는 이번에 하나님의 은혜로 세 번째 책을 출간합니다.

이사야 30장 8절에 "책에 써서 후세에 영원히 있게 하라"고 했습니다. 당신도 책 쓰기에 대한 꿈도 가지기 바랍니다. 책은 당신의 분신이 되어 당신 대신 전국과 세계를 다니며 전도하고 선교합니다.

책으로 많은 영혼들을 전도하고 선교하고 상담하고 코치하기 바랍니다. 이 땅의 잃은 영혼들이여, 성령님의 기름 부음이 넘치는 이 책을 읽고 깨달아 하나님 앞으로 돌아오길 기도합니다.

"지혜 있는 자는 궁창의 빛과 같이 빛날 것이요 많은 사람을 옳은 데로 돌아오게 한 자는 별과 같이 영원토록 빛나리라."(단 12:3)

# 절대 긍정의 믿음으로 덩실덩실 춤추라

## 성령님은 세상에서 가장 귀한 분이다

당신은 무엇이 귀하고 헛되다고 생각합니까?

나는 성령님이 가장 귀하고 그 외에는 모든 것이 헛되다고 생각합니다. 나는 '예수님이 십자가에서 다 이룬 복음'을 깨닫고부터는 진실로 그렇다고 생각했습니다. 솔로몬은 말했습니다.

"헛되고 헛되며 헛되고 헛되니 모든 것이 헛되도다."(전 1:2)

헛되다는 것은 다 필요 없다는 말이 아닙니다. 모든 것은 하나님이 만드셨고 각각 그 나름대로의 가치와 목적이 있습니다. 단지 "성령님에 비해 작고 하찮다, 지나치게 추구하지 말라"는 것입니다.

"보라, 그에게는 열방이 통의 한 방울 물과 같고 저울의 작은 티

끌 같으며 섬들은 떠오르는 먼지 같으니라."(사 40:15)

성령님에 비하면 모든 것이 티끌 같이 작습니다. 그런 것 때문에 성령님을 사랑하는 마음이 조금이라도 흔들리면 안 됩니다.

당신이 어제 안 그랬더라도 오늘 세상 만물에 마음이 뺏길 수 있습니다. 그러므로 항상 깨어 있어야 하며, 천국 가는 그날까지 당신의 눈에 성령님이 가장 큰 분으로 보여야 합니다.

우리 인생은 하루하루가 영적인 싸움입니다. 그래서 나는 매일 하나님의 전신 갑주를 입고 영적 전쟁에 임합니다.

"끝으로 너희가 주 안에서와 그 힘의 능력으로 강건하여지고 마귀의 간계를 능히 대적하기 위하여 하나님의 전신 갑주를 입으라. 우리의 씨름은 혈과 육을 상대하는 것이 아니요 통치자들과 권세들과 이 어둠의 세상 주관자들과 하늘에 있는 악의 영들을 상대함이라. 그러므로 하나님의 전신 갑주를 취하라. 이는 악한 날에 너희가 능히 대적하고 모든 일을 행한 후에 서기 위함이라."(엡 6:10~13)

하루를 살면서 주 안에서 항상 기도하십시오.

무엇보다 기도하는 시간을 가장 귀하게 생각하십시오.

기도의 능력은 심히 큽니다. 기도하면 다 응답받게 됩니다.

나는 복음을 깨닫고 난 후로 기도에 푹 빠져 살며, 주의 말씀인 성경을 사랑하게 되었습니다. 성경 말씀이 너무 좋았습니다.

그 말씀대로 살기 위해 기도합니다. 하루를 시작하면서 만물을 티끌같이 생각하게 해 달라고 성령님께 부탁합니다.

"성령님, 오늘도 만물을 티끌같이 생각하게 해주세요."

"성령님, 오늘도 사람들로부터 오는 영광이 아닌 하나님으로부터 오는 영광만 구하게 해주세요."

내가 왜 그런 도움을 구할까요? 내 힘으로는 그렇게 살 수 없기 때문입니다. 오직 하나님의 은혜로만 가능합니다. "내게 능력 주시는 자 안에서 내가 모든 것을 할 수 있느니라."(빌 4:13)

우리가 성령님께 도움을 구하면 우리의 능력이 아닌 주님의 능력이 펼쳐집니다. 성령님께 부탁하는 사람은 겸손한 사람입니다.

한번은 아주 쉽다고 생각했던 '그릇을 올려놓는 선반'을 조립했습니다. 설명서를 봤는데 잘 안되었습니다. 2분 정도 만지다가 성령님께 부탁했는데, 금방 해결되었습니다. 내 인생에는 성령님께 부탁해서 그분이 지혜를 주심으로 금방 해결된 것이 많습니다.

"이는 그가 모든 지혜와 총명을 우리에게 넘치게 하사."(엡 1:8)

없는 것도 부탁하면 성령님께서는 뚝딱 만들어 주셨습니다.

하나님은 없는 것을 있는 것처럼 부르시는 분입니다.

하나님은 안 되는 것을 되게 하시는 분입니다.

당신도 무슨 일이든 안 되면 바로 성령님께 부탁하십시오.

성령님은 당신을 도와주는 걸 좋아하는 친절하고 자상한 아버지의 영이십니다. 고린도전서 15장에는 "헛되이, 헛되지, 헛것, 헛되고"라는 말이 나옵니다. 헛된 것을 분별하고 마음에서 헛되게 여길 줄 아는 것이 지혜입니다. 그러면 진짜 중요한 것만 남게 됩니다.

진짜 중요한 것은 무엇일까요? 하나님의 은혜입니다.

우리는 하나님의 은혜로 그분의 자녀가 되었습니다.

우리는 그리스도를 믿도록 은혜를 받았습니다.

그런 우리가 무엇을 크게 생각해야 할까요? 은혜입니다.

만물은 티끌 같이 작게 생각하고 하나님의 은혜를 크게 생각해야 합니다. 바울은 평생 하나님의 은혜를 전하는 삶을 살았습니다. 교회마다 하나님의 은혜가 크다는 걸 전했습니다. 그는 말했습니다.

"그리스도께서 다시 사신 것이 없으면 너희의 믿음도 헛되고 너희가 여전히 죄 가운데 있을 것이요."(고전 15:17)

천국 가는 날까지 우리는 하나님의 은혜만 전해야 합니다.

왜 하나님의 은혜만을 전해야 할까요?

첫째, 지옥 불에 떨어질 죄인이었던 우리에게 구원을 베풀어 주셨기 때문입니다. 이것보다 더 큰 은혜는 없습니다. "미쁘다. 모든 사람이 받을 만한 이 말이여, 예수께서 죄인을 구원하시려고 세상에 임하셨다 하였도다. 죄인 중에 내가 괴수니라."(딤전 1:15)

둘째, 우리를 향한 하나님의 뜻이기 때문입니다.

"하나님은 모든 사람이 구원을 받으며 진리를 아는 데에 이르기를 원하시느니라."(딤전 2:4)

셋째, 성령님만 높이기 위해서입니다. 성령님은 높고 높으신 하나님이십니다. 그분이 낮고 낮은 이 땅에 오셨습니다. 예수의 영이신 성령님은 영원히 높고 높은 보좌에 앉아 계실 전능자이십니다. 그분을 높이는 것은 당연한 일입니다. 하나님은 그분만 높이라고 우리를 택하셨습니다. 사람이 아닌 성령님을 높이기 바랍니다.

나는 이 은혜를 책에 써서 사람들에게 전합니다.

"책에 써서 후세에 영원히 있게 하라"(사 30:8)

내게 하나님의 은혜가 임하자 전에 하지 않았던 새 일을 하게 되었습니다. 무엇일까요? 만나는 사람마다 전도하는 것입니다. 그래서 내 일상이 전도이고 또 부지런히 복음을 담은 책을 씁니다.


## 전도할 문을 열어 달라고 기도하라


당신은 전도할 문을 열어 달라고 기도합니까?

나는 날마다 전도할 문을 열어 달라고 기도합니다.

우리의 기도에 응답하여 전도할 문을 열어 주실 분은 오직 성령님이십니다. 이를 위해 깨어 감사함으로 기도해야 합니다.

"기도를 항상 힘쓰고 기도에 감사함으로 깨어 있으라. 또한 우리를 위하여 기도하되 하나님이 전도할 문을 우리에게 열어 주사 그리스도의 비밀을 말하게 하시기를 구하라. 내가 이것을 인하여 매임을 당하였노라."(골 4:2~3)

나는 복음을 깨닫고 한없이 행복해졌습니다. 내 안에 하나님 아빠가 살아 계시다는 소식은 남은 내 인생을 송두리째 바꾸는 큰 행복이었습니다. 하나님 아빠와 단둘이 있는 게 한없이 행복했습니다. 종알종알 하나님 아빠와 이야기를 나누는 삶이 참으로 좋았습니다.

이 행복한 삶 속에 제일 먼저 하나님 품에 안겨 드리고 싶은 영혼은 친정 엄마였습니다. 엄마는 불상 앞에 백번 절하기, 굿, 부적, 고사 등 정말 열심히 우상을 섬겼습니다. 엄마가 너무 불쌍해서 하나님 앞에 엎드려 간절히 기도했습니다. 복음을 깨닫고 몇 달 뒤에 하나님께서 운전 중인 내게 엄마를 영접시키라는 마음을 주셨습니다.

기회가 왔다는 생각에 날아갈 듯 기분이 좋았습니다.

그 날 엄마는 예수님을 영접했습니다. 할렐루야.

연세가 많으신 엄마는 예전에 많이 아팠는데 하나님의 은혜로 치유 받고 건강을 회복했습니다. 성경은 말씀합니다. "이는 선지자 이사야를 통하여 하신 말씀에 우리의 연약한 것을 친히 담당하시고 병을 짊어지셨도다 함을 이루려 하심이더라."(마 8:17)

우리는 하나님의 은혜가 아니면 돼지처럼 먹고 자다가 지옥에 갈 비참한 인생이었습니다. 그런 우리에게 성령님은 복음을 깨닫게 해주셨습니다. 그러므로 우리는 자신의 문제를 통의 한 방울 물처럼 작게 여기며 저 멀리 던지고 영혼을 한없이 사랑하는 마음으로 기도하고 전도해야 합니다. 그것이 하나님이 기뻐하시는 삶입니다.

골로새서 4장 5절에 "외인에게 대해서는 지혜로 행하여 세월을 아끼라"고 했습니다. 세월을 아끼라는 말은 '기회를 사라'는 뜻입니다. 나는 복음을 전할 기회가 되면 성령님께 도움을 부탁합니다. 기회를 놓치지 않고 절대 긍정의 믿음으로 전도합니다.

나는 이전에 생명 같이 귀한 시간을 물 흐르듯 아무렇게나 썼습니다. 복음은 그런 내게 시간이 얼마나 소중한지 깨닫게 해줬습니다. 하나님은 복음을 전하는 걸 기뻐하십니다. 바울은 말했습니다.

"너희 아는 바와 같이 우리가 먼저 빌립보에서 고난과 능욕을 당하였으나 우리 하나님을 힘입어 많은 싸움 중에 '하나님의 복음'을 너희에게 말하였노라. 우리의 권면은 간사에서나 부정에서 난 것도 아니요 궤계에 있는 것도 아니라. 오직 하나님의 옳게 여기심을 입어 '복음 전할 부탁'을 받았으니 우리가 이와 같이 말함은 사람을 기쁘

게 하려 함이 아니요 오직 우리 마음을 감찰하시는 하나님을 기쁘시게 하려 함이라."(살전 2:2~4)

우리는 율법주의 행위가 아닌 '예수님이 십자가에서 다 이룬 복음'을 전해야 합니다. 이 복음을 전할 때 하나님이 기뻐하십니다.

나는 하나님을 기쁘게 하기 위해 남은 인생을 걸었습니다.

내게 베풀어 주신 하나님의 은혜가 심히 큽니다. 그래서 나는 사람들로부터 오는 칭찬과 영광이 아닌 오직 하나님께로부터 오는 칭찬과 영광만 구하고 살기로 선택했습니다. 바울은 말했습니다.

"또한 우리는 너희에게서든지 다른 이에게서든지 사람에게서는 영광을 구하지 아니하였노라."(살전 2:6)

왜 우리는 하나님으로부터 오는 영광만 구해야 할까요?

우리 인생의 주체가 성령님이기 때문입니다.

각 사람 안에 임한 성령님이 하나님의 영광 그 자체입니다.

성령님이 사람들로부터 오는 영광을 취할까요? 아닙니다. 그분은 스스로 계신 하나님이시며 가장 아름답고 빛나는 분이십니다.

우리는 날마다 기도와 말씀으로 자아를 십자가 앞에 내려놓아야 합니다. 그렇지 않으면 마귀에게 공격을 받게 됩니다.

온 땅의 사람들이 내게 칭찬한다 해도 하나님이 아니라 하시면 끝입니다. 나는 나의 하나님 곧 성령님이 세상에서 제일 좋습니다. 나는 그분을 크게 생각합니다. 그분을 뜨겁게 사랑하고 경외합니다. 그래서 나는 사람들이 인정하든 안하든 복음을 깨닫고 난 후로는 하나님 앞에서 날마다 기도하고 전도하는 삶을 삽니다.

나는 전 세계 사람들의 마음의 문을 열어 달라고 기도합니다.

"오직 성령이 너희에게 임하시면 너희가 권능을 받고 예루살렘과 온 유대와 사마리아와 땅 끝까지 이르러 내 증인이 되리라."(행 1:8)

당신도 성령님과 함께 더 많이 기도하고 전도하기 바랍니다.


## 복음에 확신을 주신 성령님, 감사합니다

당신은 복음으로 제 2의 인생을 아름답게 수놓고 있습니까?

하나님의 복음은 내게 인생을 살아야 할 강한 확신을 주었습니다. 사람은 성령님을 만남으로 완전히 딴 세상을 살게 됩니다. 그 배에서 생수의 강처럼 성령님이 흘러나오기 때문입니다.

"명절 끝날 곧 큰 날에 예수께서 서서 외쳐 이르시되 누구든지 목마르거든 내게로 와서 마시라. 나를 믿는 자는 성경에 이름과 같이 그 배에서 생수의 강이 흘러나오리라 하시니. 이는 그를 믿는 자들이 받을 성령을 가리켜 말씀하신 것이라."(요 7:37~39)

나는 내 안에 살아 계신 성령님에 대한 확신이 있습니다.

"너희는 너희가 하나님의 성전인 것과 하나님의 성령이 너희 안에 계시는 것을 알지 못하느냐."(고전 3:16)

마귀는 우리 안에 천국의 모든 걸 가지고 오신 성령님을 인정하지 않게 하려고 온갖 거짓말을 속삭입니다. 속지 마십시오.

"우리가 시작할 때에 확실한 것을 끝까지 견고히 잡으면 그리스도와 함께 참예한 자가 되리라."(히 3:14)

마귀는 사람을 유혹할 때 눈을 공격합니다. 하와에게 뱀이 슬며시 다가와서 눈을 공격했습니다. 눈으로 죄를 짓게 한 것입니다. 안목의 정욕입니다. 우리는 무엇보다 눈을 지켜야 합니다.

"너희가 그것을 먹는 날에는 너희 눈이 밝아 하나님과 같이 되어 선악을 알줄을 하나님이 아심이니라. 여자가 그 나무를 본즉 먹음직도 하고 보암직도 하고 지혜롭게 할 만큼 탐스럽기도 한 나무인지라. 여자가 그 실과를 따먹고 자기와 함께한 남편에게도 주매 그도 먹은지라."(창 3:5~6)

그렇다면 소경인 사람은 마귀의 공격을 받지 않을까요?

그렇지 않습니다. 육신의 눈으로는 앞을 보지 못하지만 믿음의 눈으로 하나님을 바라보며 그분을 경외하는 하나님의 자녀들이 있습니다. 예수님은 눈을 뜨고 있지만 예수님을 믿지 않는 바리새인들을 향해 '눈뜬 소경'이라고 말씀하셨습니다.

하나님의 자녀가 되어 믿음의 눈으로 하나님을 볼 수 있다는 것만큼 행복한 게 있을까요? 예수님이 말씀하셨습니다.

"소경된 바리새인아, 너는 먼저 안을 깨끗이 하라. 그리하면 겉도 깨끗하리라."(마 23:26)

나도 소경이었지만 예수님의 보혈로 깨끗해졌습니다.

나는 아침부터 잠들 때까지 믿음의 눈으로 내 앞에 계신 성령님을 바라봅니다. 이 행복함을 어떻게 글로 다 표현할 수 있을까요?

나는 종일 심심할 틈이 없습니다. 그분을 바라보며 찬양할 때 내 가슴은 터질 것같이 행복합니다. 당신도 그렇지 않습니까?

세상 그 무엇도 나를 행복하게 해주지 못했습니다.

그런 내게 찾아 온 성령님은 이렇게 말씀하셨습니다.

"이는 내 뼈 중의 뼈요 살 중의 살이라."(창 2:23)

아무리 많이 들어도 좋은 말씀입니다.

내 남편 예수님은 내 심장을 활활 불타게 만들었습니다.

그분은 해가 갈수록 더 좋은 나의 큰 남편입니다.

당신도 참 남편이신 예수님을 만났다면 복이 넘치는 사람입니다.

남편 되시는 예수님은 내게 복을 주기 위해 오신 분입니다.

그분은 마른 땅같이 쩍쩍 갈라졌던 내 배에서 생수가 콸콸 터져 나오게 했습니다. 2천년 전, 십자가에 달리신 예수님의 옆구리에서 피와 물이 동시에 쏟아졌습니다. "그 중 한 군병이 창으로 옆구리를 찌르니 곧 피와 물이 나오더라."(요 19:34)

그때 흘리신 예수님의 피는 우리의 죄를 위한 것입니다.

그때 흘리신 예수님의 물은 우리의 목마름을 위한 것입니다.

우리는 이 엄청난 사실을 믿기만 하면 됩니다.

우리를 위해 예수님은 말로 표현할 수 없을 정도의 극심한 고통을 당하셨습니다. 그러므로 우리는 천국 가는 날까지 하나님께 감사만 해야 합니다. 왜 그렇게 감사만 해야 할까요? 하나님께서 우리를 십자가에서 낳기 위해 모든 징계를 담당하셨기 때문입니다.

"너는 내 아들이니 내가 오늘날 너를 낳았다."(히 5:5)

예수님은 하나님의 아들이시며, 그분의 속량의 은혜로 우리도 하나님의 아들이 되었습니다. 예수님은 우리의 맏형이십니다.

"하나님이 미리 아신 자들을 또한 그 아들의 형상을 본받게 하기 위하여 미리 정하셨으니 이는 그로 많은 형제 중에서 맏아들이 되

게 하려 하심이니라."(롬 8:29)

마귀의 자식으로 지옥같이 살다가 지옥에 갈 우리를 위해 하나님 아버지는 말로 형용할 수 없는 고통을 대신 당하셨습니다.

나는 복음을 깨닫고 내게 주어진 모든 일에 감사하는 삶을 살기로 선택하고 매일 그렇게 삽니다. 지옥에서 형벌을 받으며 영원히 살아야 할 나를 구원하셨는데 왜 감사하지 않겠습니까? 무엇으로 그분의 은혜를 갚을 수 있겠습니까? 감사만 나올 뿐입니다.

나는 이런 감사의 마음으로 교회에 예배하러 갑니다.

나는 하나님의 은혜가 한없이 감사해 주일 전날에는 만사를 제쳐두고 일찍 잡니다. 그리고 다음날 일찍 일어나 기도하고 찬양합니다. 교회에 일찍 가서 또 기도합니다. 온 마음을 하나님께 드리고 싶어 그렇게 하는 것입니다. 이것이 내 평생의 마음가짐입니다.

나는 하나님의 은혜가 한없이 감사하기 때문에 주일 예배에 내 마음을 쏟고 싶습니다. 그런 내 마음을 아시는 성령님께서 하루는 주일 예배를 드린 후에 이 성경 구절을 내게 주셨습니다.

"감사로 제사를 드리는 자가 나를 영화롭게 하나니."(시 50:23)

당신도 감사로 제사를 드리기 바랍니다.


## 억만 가지 죄와 허물을 용서하신 하나님

당신은 이마에 예수 이름이 있습니까?

내 이마에는 예수의 이름이 선명히 새겨져 있습니다.

이 세상에는 두 종류의 사람이 있습니다. 이마에 예수의 이름이 찍힌 사람과 그렇지 않은 사람입니다. 당신은 어떤가요?

이 세상에 성령님과 악한 영의 세력이 공존하고 있다는 사실을 모르는 사람들이 많습니다. 나도 예수님을 믿었지만 내 안에 크신 성령님이 실제로 살아 계신다는 걸 몰랐습니다. 예수님을 믿으면 죽어서 천국 가고 믿지 않으면 지옥에 간다는 사실만 알았습니다.

그때 내가 가장 좋아하는 구절은 요한복음 3장 16절이었습니다.

"하나님이 세상을 이처럼 사랑하사 독생자를 주셨으니 이는 그를 믿는 자마다 멸망하지 않고 영생을 얻게 하려 하심이라."

우리가 예수 믿고 구원을 받아도 이 세상에 사는 동안 마귀의 유혹과 공격을 받습니다. 마귀는 계속 부정적인 생각의 불화살을 쏩니다. 믿음의 방패로 다 막아내야 합니다. 가만있으면 당합니다.

나는 내게 있는 더러운 생각과 더러운 마음 등 온갖 지옥의 속성들이 마귀와 악한 영들로부터 시작된 것인지 예전엔 몰랐습니다.

어둠의 영이 사람에게 붙어 그 사람을 조종하는 것입니다.

사람들은 뉴스에서 범죄자들을 보면 '저 죽일 놈' 하고 말합니다.

사실 우리는 모두 원래 더럽고 추악한 마귀의 자식들이었습니다.

하나님의 은혜로 말미암아 예수님을 믿게 된 것입니다.

죄는 미워하되 죄지은 사람은 불쌍히 여겨야 합니다. 그들의 배후 세력인 악한 영들을 미워하고 저주해야 합니다.

옛날에 그네를 타고 있는 내 아이를 한 아이가 다가와 건드렸습니다. 분노의 영이 그 아이를 사로잡고 있었던 것입니다. 내 아이보다 훨씬 덩치가 큰 아이가 아무 이유 없이 내 아이를 운동장에 눕히고 사정없이 얼굴을 때렸습니다. 그곳에 있던 여러 아이들이 목격했습니다. 나는 그 사실을 전화로 듣고 아이가 있는 곳으로 달려갔습니다. 아이 눈이 퉁퉁 붓고 눈썹 위가 찢어져서 피가 났습니다.

내 마음이 찢어지듯 아팠습니다.

그 아이 엄마에게 전화해서 당장 오라고 했습니다. 아이 엄마는 대수롭지 않게 생각하는 듯, 지금 일하고 있으니 나중에 가겠다고 했습니다. 나는 화를 버럭 냈습니다. 즉시 우리 집에 달려온 그 엄마는 내게 무릎을 꿇고 "혼자 아이를 키워서 그렇습니다. 용서해 주세요. 신고하지 말아 주세요" 하고 눈물 섞인 말을 했습니다.

성령님께서 내게 용서해 주라는 마음을 주셨습니다. 나는 성령님께서 주신 마음으로 그들을 품었습니다. 그리고 엄마와 아들에게 예수님을 전하고 영접시켰고 복음이 담긴 내 책을 선물했습니다.

두 사람을 구원한 것만큼 기쁜 게 또 있었을까요?

내 아이가 다친 건 마음이 너무 아프지만 성령님께서 내게 부어 주신 사랑으로 지옥 불에 떨어질 두 영혼을 살렸습니다.

성령님이 용서하라는 마음을 주는 순간 즉시 그들을 내 마음에서 용서했습니다. 용서의 기적이 두 영혼을 살렸습니다.

"너희는 스스로 조심하라, 만일 네 형제가 죄를 범하거든 경계하고 회개하거든 용서하라."(눅 17:3)

하나님의 자녀의 권세 중에 하나는 '용서하는 것'입니다.

나는 하나님의 자녀로 내 이마에 예수 이름과 아버지의 이름이 새겨진 것을 압니다. 당신의 이마에도 예수 이름과 아버지의 이름이 새겨져 있습니다. 그 이름은 당신이 하나님 아버지께 억만 가지 죄를 다 용서받았다는 표시입니다. "보라, 어린 양이 시온산에 섰고 그와 함께 십사만 사천이 섰는데 그 이마에 '어린 양의 이름'과 '그 아버지의 이름'을 쓴 것이 있도다."(계 14:1)

이것은 "이 사람은 예수의 보혈로 억만 가지 죄를 용서 받았기 때문에 예수와 같은 의를 가졌다. 하나님 아버지의 자녀요 소유다"라는 의미입니다. 이 얼마나 큰 은혜와 사랑의 확증입니까?

이마에 예수 이름이 새겨지지 않은 사람들은 다 지옥에 갑니다.

내 이마에 예수 이름을 새겨 주기 위해 하나님 아버지는 온 몸의 피와 물을 십자가에서 다 쏟으셨습니다. 때려 죽여도 마땅할 죄인인 나에게 한없는 은혜를 베풀어 주셨습니다. 그러니 우리는 성령님께서 용서하라고 하시면 어떤 사람이든 용서해야 합니다.

하나님은 용서의 하나님입니다. 왜 용서의 하나님일까요?

우리를 용서하셨기 때문입니다. 하나님의 은혜는 죄로 뒤범벅인 우리를 용서함으로 구원을 얻게 했습니다. 그분은 누구든지 회개하면 용서하십니다. 물론 회개했다고 똑같은 죄를 반복하면 안 됩니다. 믿음으로 살고 거룩한 삶을 살겠다는 마음을 가져야 합니다.

"오직 의인은 믿음으로 말미암아 살리라."(롬 1:17)

거룩한 삶을 사는 것은 성령님의 힘으로 가능합니다. 이렇게 말씀드리며 성령님께 도움을 구하십시오.

"성령님, 오늘도 거룩한 삶을 살게 해주세요."


## 예수 이름의 권세를 마음껏 사용하라

당신은 하루에 몇 번 예수 이름을 사용합니까?

나는 모든 일에 예수 이름으로 명령을 내립니다.

예수님은 이 땅에 오셔서 '말씀'으로 귀신을 쫓아내셨고 병든 사람을 고치셨습니다. 예수님은 말씀이 육신이 되어 오신 분입니다.

"태초에 하나님이 천지를 창조하시니라. 땅이 혼돈하고 공허하며 흑암이 깊음 위에 있고 하나님의 신은 수면에 운행하시니라. 하나님이 가라사대 빛이 있으라 하시매 빛이 있었고."(창 1:1~3)

여기서 "가라사대"는 말씀이신 예수님을 가리킵니다.

이 땅에 오신 예수님은 공생애 동안 귀신을 쫓아내고 병든 사람을 고치는 일을 많이 하셨습니다.

"예수께서 온 갈릴리에 두루 다니사 저희 회당에서 가르치시며 천국 복음을 전파하시며 백성 중에 모든 병과 모든 약한 것을 고치시니 그의 소문이 온 수리아에 퍼진지라. 사람들이 모든 앓는 자 곧 각색 병과 고통에 걸린 자, 귀신 들린 자, 간질하는 자, 중풍병자들을 데려오니 저희를 고치시더라."(마 4:23~24)

그만큼 하나님은 우리의 몸을 소중하게 여기십니다.

우리 몸은 단순히 육체가 아닌 '하나님의 성전'입니다.

"너희는 너희가 하나님의 성전인 것과 하나님의 성령이 너희 안에 계시는 것을 알지 못하느냐."(고전 3:16)

예수님께서 십자가에서 우리의 모든 저주를 담당하셨습니다.

예수님을 믿는 누구나 그 속에 예수님의 피가 흐릅니다. 예수님과 한 영이 되었기 때문입니다. 우리는 예수님의 피 뿌린 옷을 입고 있습니다. 예수님은 곧 하나님의 말씀입니다.

요한계시록 19장에 그 사실을 기록했습니다.

"또 내가 하늘이 열린 것을 보니 보라, 백마와 탄 자가 있으니 그 이름은 충신과 진실이라. 그가 공의로 심판하며 싸우더라. 그 눈이 불꽃같고 그 머리에 많은 면류관이 있고 또 이름 쓴 것이 하나가 있으니 자기 밖에 아는 자가 없고 또 그가 '피 뿌린 옷'을 입었는데 그 이름은 '하나님의 말씀'이라 칭하더라. 하늘에 있는 군대들이 희고 깨끗한 세마포를 입고 백마를 타고 그를 따르더라. 그의 입에서 이한 검이 나오니 그것으로 만국을 치겠고 친히 저희를 철장으로 다스리며 또 친히 하나님 곧 전능하신 이의 맹렬한 진노의 포도주 틀을 밟겠고 그 옷과 그 다리에 이름 쓴 것이 있으니 '만왕의 왕'이요 '만주의 주'라 하였더라."(계 19:11~16)

예수님의 피 뿌린 옷을 우리도 입고 있습니다. 그분의 이름을 '하나님의 말씀'이라고 했습니다. 그 옷과 다리에 이름을 쓴 것이 있는데 '만왕의 왕, 만군의 주'라고 했습니다.

예수님 권세가 예수님을 모신 우리 안에도 있습니다.

우리는 천국 가는 그 날까지 입을 열어 예수 이름의 권세를 사용해야 합니다. 바울은 "말에나 일에나 다 주 예수의 이름으로 하라"(골 3:17)고 했습니다. 왜 그렇게 해야 할까요?

이 땅에는 빛과 어둠이 공존하기 때문입니다. 우리는 빛이지만 어둠인 마귀가 우리를 어둠에 거하게 하려고 틈을 노립니다.

마귀에게 조금도 틈을 주지 말아야 합니다.

마귀를 대적하고 빛 가운데 거해야 합니다.

나는 예수님께서 십자가에서 다 이룬 일곱 가지 속량의 은혜를 깨달았지만 예수 이름의 권세를 사용하지는 못했습니다.

예수 이름의 권세를 어떻게 사용해야 하는지 몰랐던 것입니다.

그때 내게 심한 두통이 있었는데 밤마다 머리가 깨질 듯이 아팠습니다. 하지만 하나님께서 내게 주신 믿음의 은사로 이미 다 나았다고 믿었습니다. 그래서 병원에서 준 한 달치 약을 쓰레기통에 버렸습니다. 하지만 나는 예수 이름을 사용하지 못한 채 계속 아픔을 참아야 했고 하나님의 은혜와 믿음으로 이겨내야 했습니다. 시간이 지나면서 서서히 통증이 사라졌고 결국 깨끗하게 나았습니다.

"이는 선지자 이사야를 통하여 하신 말씀에 우리의 연약한 것을 친히 담당하시고 병을 짊어지셨도다 함을 이루려 하심이더라"(마 8:17)고 하신 말씀이 내게 실제로 이뤄진 것입니다.

그러던 어느 날, 예수 이름의 권세에 대해 알게 되었습니다.

그 후로 나는 모든 일에 예수 이름을 마음껏 사용합니다. 아주 작은 뾰루지만 생겨도 예수 이름으로 꾸짖고 명령합니다. "호미로 막을 걸 가래로 막아야 한다"는 속담도 있는데, 일이 작을 때 미리 처리하지 않았다가 나중에 큰 힘을 들이는 것을 말합니다.

예수 이름으로 명령 내려야 할 게 있으면 즉시 사용하십시오.

"예수 이름으로 명하노니 뾰루지는 사라져라."

뾰루지가 즉시 사라지기도 하고 어느 날은 서서히 사라지기도 합니다. 예수 이름으로 명령을 내리면 우리 입에서 예리한 검이 나옵니다. 마귀가 무서워 벌벌 떱니다. 주저하지 말고 명령하십시오.

하루에 한 번도 예수 이름을 사용하지 않는 사람들이 많습니다.

매일 예수 이름의 권세를 사용하십시오. 기적이 일어납니다.

"그들이 '내 이름으로' 귀신을 쫓아내며 새 방언을 말하며 뱀을 집어올리며 무슨 독을 마실지라도 해를 받지 아니하며 병든 사람에게 손을 얹은즉 나으리라."(막 16:17~18)

## 성령님, 저와 함께 춤추실까요?

당신은 성령님과 춤추는 게 좋습니까?

성령님은 춤추는 걸 좋아하는 분이십니다.

집 나간 탕자가 돌아왔을 때 춤추는 소리가 났습니다.

얼마나 기뻤으면 풍악과 춤추는 소리가 났을까요?

"이 내 아들은 죽었다가 다시 살아났으며 내가 잃었다가 다시 얻었노라 하니 그들이 즐거워하더라. 맏아들은 밭에 있다가 돌아와 집에 가까이 왔을 때에 풍악과 춤추는 소리를 듣고."(눅 15:24~25)

집 나간 아들이 돈을 다 탕진했지만 돈이 많은 아버지는 그것과 상관없이 아들이 집에 온 것만으로도 한없이 기뻤습니다. 그래서 풍악을 울리고 춤을 춘 것입니다. 아버지는 춤추는 분이십니다.

예전에 나는 하나님 아버지에 대해 너무 몰랐습니다.

어느 날, 성령님이 나를 찾아와 진리를 깨닫게 해주셨습니다.

나는 내 안에 실제로 하나님의 영, 예수의 영이신 성령님이 살아계신다는 진리를 깨닫게 되었습니다. 그 사실이 나를 한없는 행복에 빠지게 했습니다. 성령님과 기뻐 뛰며 춤추는 인생이 되었습니다. 아버지는 품에 안긴 아들과 기뻐 뛰며 춤추었습니다.

우리도 그리스도 예수 안에서 그렇게 사는 것이 정상입니다.

나는 하루를 보낼 때, 일상에서 찬양을 들으며 춤추곤 합니다.

그리고 10분 정도라도 시간을 정해 신나는 찬양을 틀고 성령님과 기뻐 뛰며 춤을 춥니다. 그렇게 시간을 내기로 정한 것이고 매이지는 않습니다. 그 시간에 함박웃음을 지으며 영이신 성령님과 춤추는 게 정말 행복하고 재밌습니다.

옛날에도 나는 춤추는 걸 좋아했습니다. 그런 내게 복음은 날개를 달아 줬습니다. 성령님 앞에서 춤추는 인생이 되었습니다.

아, 행복합니다. 당신도 날마다 성령님과 춤추기 바랍니다.

성령님과 춤추면 어떤 일이 일어날까요?

기뻐 뛰며 춤추다 보면 시간이 쏜살같이 지나갑니다.

"주의 목전에는 천년이 지나간 어제 같으며 밤의 한 순간 같을 뿐임이니이다"(시 90:4)라고 했는데, 춤추며 살다 보면 정말 시간이 쏜살같이 지나갑니다. 나는 성령님 때문에 기뻐 뛰고 춤추며 살기 때문에 슬퍼할 시간이 없습니다. 꼭 몸으로 춤추지 않아도 됩니다. 구원의 즐거움에 푹 빠져 사는 우리는 언제나 영과 마음이 기뻐 뛰며 춤추기 때문입니다. 성령님과 이렇게 살기에도 바쁩니다.

성령님 말고는 다른 것에 민감하지 말아야 합니다.

사람이 잡생각에 빠지면 생명 같은 시간을 낭비하게 됩니다.

나도 복음을 깨닫기 전에 너무나 많은 시간을 허투루 보냈습니다. 그러다가 성령님의 은혜로 시간이 얼마나 소중한지 깨닫게 되었습니다. 시간은 금이 아닙니다. 금보다 귀한 '생명'입니다.

나는 종일 성령님 생각만 해도 바쁩니다.

인생은 성령님과 기뻐 뛰고 춤추며 연애하기도 바쁩니다.

"우리가 즐거워하고 크게 기뻐하며 그에게 영광을 돌리세. 어린 양의 혼인 기약이 이르렀고 그의 아내가 자신을 준비하였다"(계 19:7)고 했습니다. '우리가 즐거워하고 크게 기뻐하자'고 권합니다.

진실로 그렇습니다. 이 땅에 사는 동안 우리는 예수님의 신부로 기뻐하되 크게 기뻐하고 즐거워해야 합니다. 크게 기뻐하는 방법 중에 하나는 성령님과 손잡고 덩실덩실 춤추는 것입니다.

이렇게 덩실덩실 춤추는 것은 믿음의 행동입니다.

하나님을 기쁘시게 하는 방법은 수만 가지가 아닌 단 한 가지 '믿음'뿐입니다. "믿음이 없이는 하나님을 기쁘시게 하지 못한다"(히 11:6)고 했습니다. 성령님과 춤추려면 믿음이 있어야 합니다.

"믿음은 바라는 것들의 실상이요"(히 11:1)라고 했습니다. 무엇이든 그렇게 되었다고 믿고 살면 삶 속에 그대로 나타납니다.

나는 기뻐 뛰며 춤추기에도 바쁘다고 생각합니다. 진실로 그렇다고 믿습니다. 나는 성령님만으로 만족하고 성령님만으로 기쁘고 즐겁고 행복합니다. 내가 그렇게 살도록 성령님이 내 삶을 주장해 주십니다. 이 땅은 신랑 되시는 예수님과 보내는 신방입니다.

나는 오늘도 예수의 영이신 성령님께 푹 빠져 삽니다.


## 만왕의 왕이신 나의 예수님

당신의 삶은 진정으로 풍성합니까?
그리스도 안에서 내 삶은 조금도 부족함이 없고 풍성합니다.
복음으로 풍성해진 내 삶을 시에 담아 봤습니다.


내 삶 곳곳에 은혜가


내 삶 곳곳에 나타나는
하나님의 풍성함.


교회 앞 건물 지붕에
해가 가면 갈수록
더 풍성해지는 담쟁이가 있다.


아, 아름다운 모습
마치 내 인생을 보는 것 같다.


성령님과 함께
카페에 앉아 밖을 본다.


가지치기를 해서
더욱 풍성해진 잎을 자랑하며
힘차게 서 있는 나무를.


이 땅은 내 신랑 예수님과
뜨거운 사랑을 나누고 사는
아름다운 신방이다.

내 남편 예수님의 것은
모두 내 것이다.

그분이 말씀하셨다.
"얘야, 내 것이 다
네 것이다."(눅 15:31)

이 모든 게
하나님의 은혜로다.

예수님을 믿는 우리는 그분의 신부입니다.
예수님께서 우리에게 이렇게 말씀하십니다.
"이는 내 뼈 중의 뼈요 살 중의 살이라."(창 2:23)
우리는 예수님의 핏 값으로 산 한없이 귀중한 존재입니다.
우리를 사기 위해 그분은 온 몸의 살이 찢기고 골이 파였습니다.
예수님의 신부가 된 우리를 돕기 위해 성령님이 오셨습니다.
성령님은 하나님의 말씀으로 우리의 옛 습관을 하나씩 가지치기 하십니다. "하나님의 말씀은 살아 있고 활력이 있어 좌우에 날선 어떤 검보다 예리하여 혼과 영과 및 관절과 골수를 찔러 쪼개기까지 하며 또 마음의 생각과 뜻을 판단하나니."(히 4:12)
볼품없는 번데기가 아름다운 나비로 탈바꿈하듯 진흙 같은 우리를 순금 같이 아름답게 만들고 계시는 것입니다.
"내가 가는 길을 그가 아시나니 그가 나를 단련하신 후에는 내가 '순금' 같이 되어 나오리라."(욥 23:10)

여기서 순금의 뜻은 무엇일까요?

첫째, 순금은 깨끗한 믿음입니다. 그리스도를 향한 깨끗한 믿음입니다. 어떤 상황에서도 예수님만 뜨겁게 사랑하는 믿음입니다.

하나님의 은혜로 구원 받은 나는 만물을 티끌같이 여깁니다.

그 이유는 크신 성령님 앞에서 단독자로 살기 때문입니다.

나는 세상 모든 게 내 것이라고 생각하며 삽니다. 나는 다른 사람과 비교 경쟁하지 않고 사람 자랑도 하지 않습니다. "그런즉 누구든지 사람을 자랑하지 말라. 만물이 다 너희 것임이라."(고전 3:21)

둘째, 순금은 하나님을 온전히 믿는 믿음입니다. 우리 인생에 불순물들을 가지치기하시는 분은 성령님입니다. 우리는 우리가 잘나서가 아니라 하나님의 은혜로 믿음을 거저 선물로 받았습니다.

우리에게 믿음을 주신 하나님께서 여러 가지 일들을 통해 우리의 믿음을 더욱더 굳세게 하십니다. 나는 하루를 살면서 내게 믿음을 주신 성령님을 온전히 믿으며 믿음의 기도를 하고 삽니다.

"하나님의 믿음을 주셔서 억만 번이나 감사합니다."

하루하루 사는 동안 이렇게 매일 믿음의 기도를 했고, 계속 믿음으로 행진했습니다. 그러니 내 마음이 항상 든든했습니다.

당신 안에 이미 하나님이 주신 성령님의 큰 믿음이 있습니다.

이 사실을 인정하십시오. 그리고 성령님께 도움을 부탁하십시오.

"성령님, 오늘도 하나님의 믿음으로 살게 해 주세요."


## 성령님만으로 넘치는 인생을 살라

당신은 날마다 넘치는 삶을 삽니까?

나는 "내 잔이 넘치나이다"라고 고백한 다윗처럼 부족함이 없고 날마다 넘치는 삶을 살고 있습니다. 세상 사람들은 눈에 보이는 것에 따라 반응하며 만족과 불만족을 표현합니다. 예수님을 믿는 우리는 세상 사람들이 가지지 못한 '믿음의 눈'을 가졌습니다.

"믿음은 바라는 것들의 실상이요."(히 11:1)

당신이 바라는 것들은 무엇입니까? 꿈이 없던 인생인데 복음을 깨닫고 난 후에 마음에 바라는 것들이 많이 생기지 않았습니까?

이것이 복음의 힘입니다. 복음은 '풍성한 생명'을 꿈꾸며 살게 합니다. "하나님이 말씀하시기를 말세에 내가 내 영을 모든 육체에 부어 주리니 너희의 자녀들은 예언할 것이요 너희의 젊은이들은 환상을 보고 너희의 늙은이들은 꿈을 꾸리라."(행 2:17)

지금도 성령님은 예수를 믿는 사람들에게 복음을 깨닫게 해 주시고 또 온 천하에 다니며 만민에게 복음을 전하는 꿈을 바라고 믿게 하십니다. 사실 이것은 우리가 바라는 것이 아니라 우리 안에 살아 계신 주님이 바라는 것입니다. 그리고 기름 부음을 나타내십니다.

성령님이 오늘 누구에게 찾아 가셔서 기름을 부으실지 아무도 모릅니다. 내가 성령님에 대해 아는 한 가지 사실은, 그분이 기도하는 사람의 기도를 다 듣고 계신다는 것입니다. 반드시 기도한 사람을 찾아가 그가 한 기도에 응답해 주십니다. 그 시기와 때는 우리에게 있는 것이 아니라 하나님께 있습니다.

"고넬료야, 하나님이 네 기도를 들으셨다."(행 10:31)

전에는 제대로 기도하지 않았던 내가 복음을 깨닫고 종일 기도하는 삶을 살게 되었고 전도하는 삶을 삽니다. 나는 해마다 기념일이면 성령님께 영혼을 살리는 선물을 달라고 구했습니다. 그때마다 성령님은 구원 받을 영혼을 만나게 해주셨고 나는 전도해서 그 영혼을 하나님의 품에 안겨 드렸습니다. 모두 성령님의 은혜입니다.

한번은 기념일에 나만의 시간을 갖고 집으로 오는 길에 절뚝거리며 걷는 할아버지를 봤습니다. 힘이 드는지 화단에 잠깐 앉아 쉬고 있었습니다. 성령님께서 전도하라는 마음을 주셨습니다. 나는 발걸음을 재촉해서 할아버지에게 다가가 말을 걸었습니다.

"예수님이 십자가에서 할아버지의 죄를 다 담당하시고 죽으셨습니다. 그분은 하나님의 아들이시므로 죽은 지 3일 만에 부활하셨습니다. 이 사실을 믿으면 구원을 받습니다."

할아버지는 믿겠다고 하셨습니다. 나는 서울목자교회 전도지를 주며 교회에 오시라고 부탁했습니다. 성령님은 영혼을 향한 불같은 열정을 하나님의 자녀들에게 주셨습니다. 당신도 전도하십시오.

나는 성령님만으로 넘치기 때문에 조금도 부족함이 없습니다.

내 눈에는 모든 게 넘치게 보입니다. 성경에 나오는 믿음의 조상들도 그런 삶을 살았습니다. 나만 그런 것이 아니라 내 후손들도 그렇게 살 것입니다. 다윗은 "내 잔이 넘친다"고 고백했습니다.

"여호와는 나의 목자시니 내게 부족함이 없으리로다."(시 23:1)

믿음의 조상들의 기도 안에 지금의 우리가 들어 있습니다.

우리의 기도 안에 후대들도 있습니다. 우리가 사는 동안 얼마나 많은 기도 응답을 받을까요? 헤아릴 수 없습니다. 가슴 설레지 않습니까? 그래서 나는 기도하고 또 기도합니다.

우리는 넘치는 성령님으로 만족해야 합니다. 왜 그럴까요?

첫째, 성령님으로 만족하지 않으면 반대로 '늘 부족하다'고 생각하게 됩니다. 성령님으로 만족하면 다른 건 거저 주십니다. 날마다 천국같이 살게 됩니다. 천국에는 넘치는 것만 있습니다.

"하나님의 나라는 너희 안에 있느니라."(눅 17:21)

부족하다고 생각하는 건 마귀에게 속는 것입니다. 실상은 그리스도 안에서 이미 다 가진 것입니다. 믿음의 눈으로 보십시오.

"주와 합하는 자는 한 영이니라"(고전 6:17)고 했는데 주님과 한 영이 되었으면, 우리의 눈 곧 시야도 주님과 합해야 합니다.

주님이 보시는 것처럼 보아야 합니다.

둘째, 성령님이 내 영혼의 남편이기 때문입니다.

우리는 예수 그리스도의 신부입니다. 신부는 신랑으로 만족해야 합니다. 돈, 명예, 학벌, 숫자 등은 우리에게 만족이 되지 않습니다.

오직 예수님만이 우리의 만족이 됩니다. 마귀는 거짓과 교만으로 성령님과 연애하고 살던 아담과 하와를 유혹했습니다. 순수했던 사랑에 금이 갔습니다. 그렇게 마귀에게 속아 하나님으로 만족하지 않으면 관계에 불순물이 끼게 됩니다. 죄가 들어오게 됩니다.

아담과 하와가 범했던 멍청한 실수를 범하지 않도록 우리는 깨어 있어야 합니다. 예전에 우리도 멍청한 실수를 하지 않았습니까? 똑같은 실수를 반복하지 않도록 말씀과 기도로 무장해야 합니다.

예수님은 마가복음 13장 37절에 "깨어 있으라, 내가 너희에게 하는 이 말은 모든 사람에게 하는 말이니라"고 하셨습니다.

항상 깨어 기도하며 성령님만 바라보십시오.

## 나는 날마다 성령의 술에 취해 산다

당신은 이웃을 주님께로 인도하는 사람입니까?

나는 매일 성령님께 이웃을 인도하게 해 달라고 구합니다.

예수 믿는 사람은 그리스도 안에 의인이 되었습니다. 의인은 착한 일에 힘써야 합니다. 하나님이 보실 때 착한 일은 무엇일까요?

이웃을 주님께로 인도하는 것입니다.

"의인은 그 이웃의 인도자가 된다."(잠 12:26)

예수를 믿으면서도 이웃을 인도하지 않고 온갖 중독에 빠져 죄만 짓는 사람이 있습니다. 나도 하나님의 은혜가 아니었다면 술 중독에서 빠져 나오지 못했을 것입니다. 나는 술만 마시면 울었습니다.

이제는 술도 마시지 않고 성령 안에서 밝게 웃으며 날마다 춤을 춥니다. 하나님이 내 눈에서 모든 눈물을 씻어 주셨기 때문입니다.

"그들이 다시는 주리지도 아니하며 목마르지도 아니하고 해나 아무 뜨거운 기운에 상하지도 아니하리니 이는 보좌 가운데에 계신 어린 양이 그들의 목자가 되사 생명수 샘으로 인도하시고 하나님께서 그들의 눈에서 모든 눈물을 씻어 주실 것임이라."(계 7:16~17)

이 말씀은 죽어 천국에 가서만 이뤄지는 것이 아닙니다. 우리 안에 임한 천국에서도 동일하게 이뤄집니다. 예수를 믿는 사람은 하늘나라가 그 사람 안에 성령으로 임했습니다. 그 사람은 다시는 주리지도 않고 목마르지도 않는다고 예수님이 말씀하셨습니다.

요한복음 6장 35절에 예수님께서 말씀하셨습니다.

"나는 생명의 떡이니 내게 오는 자는 결코 주리지 아니할 터이요 나를 믿는 자는 영원히 목마르지 아니하리라."

복음은 다시 우리를 주리지 않게 하고 목마르지 않게 합니다.

다시 슬픔의 눈물을 흘리지 않게 합니다. 내 눈에서 슬픔의 눈물을 다 씻어 주신 성령님께 무한한 감사의 눈물을 흘리게 됩니다.

나는 하나님의 은혜로 복음을 깨닫고 이웃을 바른 길로 인도하는 인도자가 되었습니다. 술 중독에서 벗어나 성령의 술에 흠뻑 취해 삽니다. 성령님 앞에서 기뻐 뛰며 춤추며 삽니다. 그리고 만나는 사람마다 성령님의 인도하심을 따라 전도합니다.

우리는 복음을 전해 이웃을 바른 길로 인도해야 합니다.

왜 그래야 할까요? 그것이 가장 착한 일이기 때문입니다. 잃은 영혼에게 복음을 전하는 것이 곧 이웃 사랑의 실천입니다.

복음을 전해 그들이 영원히 바른 길로 가도록 인도해야 합니다.

성령님은 사람들을 복음으로 인도하기 위해 오신 분입니다.

우리 모두 성령님과 함께 복음을 전합시다.


## 나는 절대 긍정의 믿음으로 전도한다

당신은 믿음의 은사를 사용합니까?

사람은 하나님이 한 번 만지면 싹 변합니다. 왜 그럴까요?

하나님의 전공이 사람을 싹 바꾸는 일이기 때문입니다.

성경은 그 사실을 성경 인물들을 통해 상세히 기록했습니다.

그 중에서도 바울의 삶을 보면 잘 알게 됩니다.

"내가 이 도를 박해하여 사람을 죽이기까지 하고 남녀를 결박하여 옥에 넘겼노니 이에 대제사장과 모든 장로들이 내 증인이라. 또 내가 그들에게서 다메섹 형제들에게 가는 공문을 받아 가지고 거기 있는 자들도 결박하여 예루살렘으로 끌어다가 형벌 받게 하려고 가더니 가는 중 다메섹에 가까이 갔을 때에 오정쯤 되어 홀연히 하늘로부터 큰 빛이 나를 둘러 비치매 내가 땅에 엎드러져 들으니 소리 있어 이르되 사울아 사울아 네가 왜 나를 박해하느냐 하시거늘 내가 대답하되 주님 누구시니이까 하니 이르시되 나는 네가 박해하는 나사렛 예수라 하시더라."(행 22:4~8)

바울이 주님을 만나고 즉시 한 말이 있습니다.

"주님, 제가 무엇을 하리이까?"(행 22:10)

그 후로 예수 믿는 사람들을 잡아 죽이는데 미친 멧돼지 같이 날 뛰었던 바울이 성령님과 함께 복음을 전하는 데 온전히 미쳤습니다.

어떻게 그리 단방에 바뀌었습니까? 하나님의 전능한 손이 그의 마음을 만졌기 때문입니다. 은혜가 임했기 때문입니다.

지금도 예수님은 직접 임하셔서 사람들을 바꾸십니다.

그리고 주의 종들의 설교 말씀을 통해서도 사람들을 바꾸십니다.

주의 종들은 성경 말씀을 통해 오직 복음만 전해야 합니다.

예수 그리스도 복음이 곧 하나님의 말씀입니다.

"하나님의 말씀은 살아 있고 활력이 있어 좌우에 날선 어떤 검보다 예리하여 혼과 영과 및 관절과 골수를 찔러 쪼개기까지 하며 또 마음의 생각과 뜻을 판단하나니."(히 4:12)

말씀은 곧 하나님입니다. 그러므로 우리는 천국 가는 날까지 성경 말씀을 꾸준히 읽으며 하나님 알기에 힘써야 합니다.

"너는 배우고 확신한 일에 거하라. 너는 네가 누구에게서 배운 것을 알며 또 어려서부터 성경을 알았나니 성경은 능히 너로 하여금 그리스도 예수 안에 있는 믿음으로 말미암아 구원에 이르는 지혜가 있게 하느니라. 모든 성경은 하나님의 감동으로 된 것으로 교훈과 책망과 바르게 함과 의로 교육하기에 유익하니 이는 하나님의 사람으로 온전하게 하며 모든 선한 일을 행할 능력을 갖추게 하려 함이라."(딤후 3:14~17)

성경을 읽을 때 성경의 저자이신 성령님께 깨달음을 달라고 도움을 구해야 합니다. "성령님, 이 말씀을 깨닫게 해주세요."

그렇지 않으면 자기 생각이 자꾸 들어갑니다. 자기 마음대로 성경을 해석하게 됩니다. 성령님은 인격적인 분이시므로 우리가 도움을 부탁하면 반드시 도와주십니다. "너는 범사에 그를 인정하라. 그리하면 네 길을 지도하시리라."(잠 3:6)

성경은 오직 한 가지 곧 믿음에 대한 이야기를 하고 있습니다.

하나님을 기쁘시게 하는 방법은 세계 인구가 80억 명이라고 해서 80억 가지가 되는 것이 아닙니다. 단 한 가지 '믿음'뿐입니다.

"믿음이 없이는 하나님을 기쁘시게 하지 못하나니, 하나님께 나아가는 자는 반드시 그가 계신 것과 또한 그가 자기를 찾는 자들에게 상 주시는 이심을 믿어야 할지니라."(히 11:6)

예수를 믿는 절대 긍정의 믿음이 가장 큰 믿음입니다.

그리고 우리에게 태산을 옮길 만한 겨자씨 믿음이 있습니다.

믿음의 은사는 사용해야 합니다. 사용하면 할수록 더 크게 역사합니다. 큰 믿음은 곧 '조금도 의심하지 않는 믿음'을 말합니다.

"내가 진실로 너희에게 이르노니 누구든지 이 산더러 들리어 바다에 던져지라 하며 그 말하는 것이 이루어질 줄 믿고 마음에 의심하지 아니하면 그대로 되리라. 그러므로 내가 너희에게 말하노니 무엇이든지 기도하고 구하는 것은 받은 줄로 믿으라. 그리하면 너희에게 그대로 되리라."(막 11:23~24)

나는 하나님의 은혜로 복음을 깨달았습니다. 하나님께서 내게 믿음의 은사를 주셨습니다. 나는 예수님이 십자가에서 다 이룬 일곱 가지 속량의 복음을 듣는 순간 온전히 다 믿어졌습니다.

나는 그리스도 안에서 새로운 피조물이 되었습니다.


"나는 의인이다."(롬 1:17)

"나는 성령 충만하다."(요 7:38)

"나는 건강하다."(마 8:17)

"나는 부요하다."(고후 8:9)

"나는 지혜롭다."(엡 1:8)

"나는 평화를 가졌다."(사 53:5)

"나는 생명을 가졌다."(요 6:47)


예수님은 십자가에서 피와 물을 쏟으며 외치셨습니다.

"다 이루었다."(요 19:30)

그리고 우리에게 믿음을 요구하십니다.

"두려워 말고 믿기만 하라."(눅 8:50)

나는 이런저런 일을 겪으면서 믿음의 은사를 계속 사용했습니다.

한번은 성령님께서 100번 정도 찾아가 전도하라는 사람에게 매일 찾아갔습니다. 가면서 무슨 생각을 했을까요? 그 사람이 이미 교회에 나왔다고 믿었습니다. 우리는 믿음으로 전도한 후에 그 결과를 주님께 온전히 맡겨야 합니다. 그러면 모든 일에 열매를 맺게 됩니다. 믿음대로 됩니다. 일을 성취하시는 분은 성령님이십니다.

"일을 행하시는 여호와, 그것을 만들며 성취하시는 여호와, 그의 이름을 여호와라 하는 이가 이와 같이 이르시도다."(렘 33:2)

우리에게 주신 믿음은 우리에게서 난 것이 아닙니다.

성령님이 주신 '성령님의 믿음'입니다.

하루를 살면서 믿음을 주신 성령님께 감사하십시오.

가끔 믿음에서 흔들립니까? 조금도 의심하지 말고 당신의 자리를 굳게 지키며 하나님의 응답을 기대하십시오.

"무화과나무를 지키는 자는 그 과실을 먹고 자기 주인에게 시중드는 자는 영화를 얻느니라. 물에 비치면 얼굴이 서로 같은 것 같이 사람의 마음도 서로 비치느니라. 스올과 아바돈은 만족함이 없고 사람의 눈도 만족함이 없느니라."(잠 27:18~20)

아바돈은 '영원한 구렁텅이'를 말합니다. 그곳에는 만족이 없습니다. 우리는 천국 백성입니다. 성령님만으로 만족이 넘치는 사람입니다. 지금 주어진 이 시간에 성령님과 기뻐 뛰며 춤추십시오.

나는 기쁨의 영, 만족이 넘치는 영이신 성령님의 은혜로 그렇게 살고 있습니다. 십자가에서 내 모든 꿈과 소원을 다 이루신 예수님을 믿음의 눈으로 바라보며 성령님께 모든 걸 맡기고 삽니다.

"오직 의인은 믿음으로 말미암아 살리라."(롬 1:17)

믿음으로 살면 하나님이 반드시 상을 주십니다. 그러므로 우리는 계속 믿음으로 힘차게 앞을 향해 달려야 합니다. 믿음으로 살고 믿음으로 기도하고 전도하는 것이 하나님의 뜻이기 때문입니다.

우리에게 믿음을 주신 건 하나님의 은혜입니다. 믿음이 없던 내게 성령님은 믿음의 은사를 선물로 주셨습니다. 그로 인해 예수님이 십자가에서 다 이룬 복음이 저절로 믿어졌습니다. 그리고 나는 이 은혜의 복음을 만나는 사람마다 전하고 있습니다.

지금까지 성령님의 인도하심을 따라 한 영혼 한 영혼에게 복음을 전해서 예수님을 영접시킨 사람들이 4천 명이 넘습니다.

오늘도 나는 절대 긍정의 믿음으로 날마다 전진합니다.

우리 함께 절대 긍정의 믿음으로 전도합시다.

"성령님, 오늘도 전도하게 해주세요."

# 절대 긍정의 믿음으로 가족을 전도하라

당신은 초자연적인 하나님의 은혜를 경험합니까?

나는 초자연적인 하나님의 은혜를 경험해 보았습니다.

지병으로 고생하신 친정 아빠가 천국으로 이민 가신지 1년이 조금 넘었는데, 아빠의 영혼이 극적으로 구원을 받은 것입니다.

영혼 구원보다 더 큰 은혜와 기적은 어디에도 없습니다.

그리스도 안에 있는 사람은 '사망'과 상관없습니다.

바울은 말했습니다. "사망아, 너의 승리가 어디 있느냐? 사망아, 네가 쏘는 것이 어디 있느냐?"(고전15:55) 그렇습니다.

그리스도 안에 있는 사람은 죽지 않고 영원히 삽니다.

예수님이 진실로 그렇다고 말씀하셨습니다. "나는 부활이요 생명이니 나를 믿는 자는 죽어도 살겠고 무릇 살아서 나를 믿는 자는 영

원히 죽지 아니하리니 이것을 네가 믿느냐?"(요 11:25~26)

우리 각 사람은 이 땅에서 통의 한 방울 물처럼 100년 정도 살다가 영원한 생명을 누리는 천국으로 이민 갑니다. 한 사람이 외국으로 이민 간다고 온 동네가 떠들썩하게 난리치지는 않습니다.

주변의 몇 사람만 환송할 뿐입니다. 환송은 '떠나는 사람을 기쁜 마음으로 보낸다'는 뜻입니다. 슬픈 마음으로 보내는 것이 아닙니다. 그리스도 안에 있는 우리는 부모 형제, 친척 친구가 천국으로 이민 갈 때 기쁜 마음으로 환송해야 합니다.

이별과 환송은 한 방울 물과 같이 작은 일입니다.


## 아빠의 이민을 준비하신 하나님

아빠가 세상에 살아 계실 때는 몇 개월마다 한 번씩 약을 사서 드셨고 엄마의 운전사 역할을 하며 간신히 움직이셨습니다.

그 외에는 거의 집에서만 생활하셨습니다.

나는 아빠의 멋지고 패기 있는 지난날의 모습을 기억합니다.

초등학교 시절, 아빠는 항상 깔끔한 머리와 옷차림으로 외출하곤 하셨습니다. 셔츠와 정장 바지는 다림질로 각을 세워 입고 다닐 정도로 멋쟁이셨습니다. 체격도 좋으셨습니다. 나는 이런 멋쟁이 아빠가 좋았습니다. 딸기와 벼농사를 하는 시골에서 손톱에 흙이 들어가서 때처럼 낀 모습보다는 멋쟁이처럼 하고 다니시는 아빠 모습이 더 좋아 보였기 때문입니다. 하지만 아빠는 우리 5남매와 엄마에게 엄하셨습니다. 그래서 나는 따뜻한 표정과 말보다는 욱하는 아빠의 모습을 자주 봐야 했습니다. 어린 시절 아빠가 집에 계시면 아빠를 피해 이 방 저 방으로 옮겨 다녀야 했습니다.

나는 아빠가 어렵고 무섭고 불편했습니다. 아빠가 집에 계시는 게 싫었고 욱하는 감정으로 내뱉는 큰 목소리가 특히 싫었습니다.

그 영향이 결혼을 하고 나서도 여전히 나를 괴롭혔습니다.

나는 엄마가 되었지만 여전히 아빠는 내게 어려운 존재였습니다.

그래서 아빠에게 살가운 딸이 되어 드리지 못했습니다. 아빠는 나를 보고 웃었지만 난 아빠의 눈을 제대로 쳐다보며 웃어 드린 적이 없습니다. 아빠의 손을 잡는 것이나 팔짱을 끼는 것이 내게는 너무 어려웠습니다. 이런 불편한 마음이 내 안에 있었지만 이 문제를 위해 하나님께 털어놓고 기도하며 도움을 구한 적은 없었습니다.

나는 그저 '아빠가 예수님을 영접하고 천국에 꼭 가셨으면 좋겠다'는 생각만 하고 있었습니다. 아빠에게 복음을 전해야 한다는 부담감만 있었습니다. 어느새 시간은 쏜살같이 흘러 일흔이 되신 아빠를 보며 그저 안쓰럽고 불쌍하고 죄송한 마음만 들었습니다.

어떤 날에는 친정에 다녀와서 아빠를 생각하면 '나는 너무 못된 딸이다'라는 마음이 들었습니다. 죄책감에 사로잡혀 한숨을 쉬며 하나님께 용서와 자비와 긍휼을 구해야만 했습니다.

나는 아빠에게 따뜻하게 대하지 못했지만 나를 사랑하는 아빠의 마음은 헤아릴 수 있었습니다. 아빠는 배가 자주 아파서 움켜쥐곤 하셨습니다. 김장철마다 김장김치를 챙겨 주시며 그 힘든 몸을 끌고 집에까지 나를 꼭 태워 주셨던 아빠의 사랑이 고맙기만 했습니다. 그리고 해마다 딸기철이 되면 아빠는 엄마와 함께 시골 마당에서 딸기를 한 솥 끓여 잼을 만들어 5형제에게 나눠주곤 했습니다.

## 우리 딸, 교회에는 꼭 다니게 해주세요

아빠를 생각하면 잊히지 않는 기억이 또 하나 있습니다.

지금 남편과의 상견례 자리에서 아빠는 시부모님께 "우리 딸이 교회에 다니니까, 교회에는 꼭 다니게 해주세요"라고 부탁하셨던 것입니다. 자신은 우상숭배하며 예수님을 믿지 않으면서 딸이 교회를 좋아한다는 이유로 그렇게 말씀하셨던 아빠의 마음이 잊히지 않고 내 기억에 남아 있습니다. 그때는 미처 몰랐는데 시간이 흐르며 아빠가 딸을 사랑하는 그 깊은 마음이 조금씩 깨달아졌습니다.

부모이기에 자식을 향한 사랑은 어쩔 수 없는 거겠지요.

마태복음 7장 11절에 "너희가 악한 자라도 좋은 것으로 자식에게 줄 줄을 알거든 하물며 하늘에 계신 너희 아버지께서 구하는 자에게 좋은 것으로 주시지 않겠느냐?"라고 했습니다.

나는 예수님을 십자가에 내어 주기까지 한 하나님의 사랑이 참 좋습니다. 요한일서 4장 16절에 "하나님은 사랑이시라"고 했고 로마서 8장 32절에는 "자기 아들을 아끼지 아니하시고 우리 모든 사람을 위하여 내주신 이가 어찌 그 아들과 함께 모든 것을 우리에게 주시지 아니하겠느냐?"라고 했습니다. 이러한 하나님의 사랑이 아니었다면 나는 여전히 마귀의 자식과 죄의 종으로 살며 온갖 죄를 짓고 목마르고 아프고 가난하고 어리석게 살았을 것입니다.

지옥 같이 비참한 삶을 살았을 것입니다.

에베소서 2장 2~3절에는 우리의 비참한 상태를 말씀합니다.

"그때에 너희는 그 가운데서 행하여 이 세상 풍조를 따르고 공중의 권세 잡은 자를 따랐으니 곧 지금 불순종의 아들들 가운데서 역사하는 영이라. 전에는 우리도 다 그 가운데서 우리 육체의 욕심을 따라 지내며 육체와 마음의 원하는 것을 하여 다른 이들과 같이 본질상 진노의 자녀이었더니."

그런 우리를 살리려고 예수님이 이 땅에 오셨습니다. 그분은 우리의 죄와 허물을 다 짊어지고 십자가에서 물과 피를 쏟으며 죽으셨습니다. 우리의 죗값을 다 지불하셨고 우리를 살리셨습니다.

"그는 허물과 죄로 죽었던 너희를 살리셨도다."(엡 2:1)

예수님을 믿으면 천국에 들어갑니다. 이러한 하나님의 사랑이 너무 좋으면서도 나는 아빠에 대한 두려움을 떨치지 못한 채, 몸이 아파하시는 아빠에게 복음을 전하지 못하고 있었습니다.


## 아빠는 이 세상보다 억만 배나 더 좋은
## 천국으로 이민 가셨다


아빠는 평소에 식사를 많이 하지 못했습니다.

몇 년 전에 위암 수술을 하셔서 조금만 드셔도 포만감이 들어 몇 숟가락을 뜨시면 수저를 내려놓곤 하셨습니다. 그것도 소화가 잘 안 되어 끄윽 하며 트림을 연신 하셨습니다. 서서히 식사를 더 못하게 되면서 기운을 차릴 수가 없을 정도가 되자, 병원에 가서 영양제를 일주일에 한 번씩 맞아야 했습니다. 엄마가 요양원 일을 하며 번 돈은 아빠 병원비로 거의 다 나가야 했던 상황이었습니다.

친정 엄마는 헌신적으로 아빠를 돌보고 챙기셨습니다.

아빠가 식사를 거의 못하고 죽 조금과 두유로 간신히 배를 채우시는데 갑자기 신장과 폐가 안 좋아지셔서 대학병원에 입원해 병원 생활을 하게 된 것입니다. 이때만 해도 '건강해지면 퇴원하겠지, 괜찮겠구나'라고 생각했는데 허약해질 대로 허약해진 상태로 퇴원하시고 집에 누워 계셨습니다. 이제는 혼자서 화장실도 다니지 못하고 제대로 앉아 있지도 못하는 상황이 되었습니다.

혼자 벽에 기대어 놓으면 픽 쓰러지곤 했습니다.

김장을 끝내 놓고 한 달 후에 갑자기 이런 상황이 벌어진 거였습니다. 한 달 전의 아빠를 생각하면 큰 변화였습니다. 그때는 그래도 운전을 하셨고 조금이라도 식사를 하셨고 혼자서 자유롭게 다니셨는데 한 달 만에 병이 급속히 진행되어 매우 쇠약해지셨습니다.

그리고 이제는 전혀 움직이지 못하는데다 뼈에까지 통증이 와 엄마가 밤새 주무르지 않으면 신음하며 고통스러워 하셨습니다.

엄마의 손길이 멈추면 연신 주물러 달라고 하셨습니다. 엄마도 많이 지치고 힘들어 하셨습니다. 이때 서울목자교회 김열방 목사님과 교회 식구들에게 기도를 부탁한 상황이었습니다. 이 글을 통해 아빠를 위해 진심으로 기도해 주신 김열방 목사님과 김사라 사모님 또 전도사님들과 성도님들에게 감사의 마음을 전하고 싶습니다.

그리고 김열방 목사님과 김사라 사모님께서 아빠 장례식에 와 주셔서 너무 기뻤고 큰 위로가 되었습니다. 이러한 하나님 은혜에 감사하고 감사합니다. 그분들의 기도의 힘이 큰 위로와 힘이 되었습니다. 아빠는 초자연적인 하나님의 은혜로 구원받고 이 세상보다 억만 배나 더 좋은 천국으로 이민 가셨습니다. 할렐루야!


## 내 생각보다 더 세심하게 응답하시는 하나님

이런 과정에서 나는 '섬세하신 하나님'을 경험했습니다.

아빠의 극심한 통증을 털어 드리기 위해 병원에서 사용하는 물리치료 도구를 사서 드려 봤지만 효과는 잠깐뿐이었고 그 어떤 도움도 되지 않았습니다. 하나님의 기적이 간절히 필요했습니다.

얼마나 극심한 통증이었는지 아빠에게 "기도해 드릴까요?"라고 묻자 우상숭배로 붙잡혀 있던 아빠가 거부하지 않고 기도 받겠다고 하셨습니다. 극심한 고통으로 인해 힘들어하시는 아빠를 위해 나는 기도라도 해드리고 싶었습니다. 아무것도 하지 않고 있는 내 모습이 너무 죄스럽고 힘들었기 때문입니다.

나는 하나님께 아빠를 치료해 달라고 기도했지만 여전히 아빠는 고통을 호소하셨습니다. 병원에서 퇴원하신 아빠를 보기 위해 동생들이 전주에 내려오기로 되어 있었는데, 아빠는 퇴원하시고 이틀 만에 다시 119를 불러 대학병원 응급실에 들어가야 했습니다.

아빠의 통증이 너무 심해서 직접 119에 신고해서 짐도 제대로 꾸리지 못한 채 병원으로 이송하게 된 것입니다. 갑자기 찾아온 아빠의 고통에 대한 정보가 없었기에 어떻게 해야 할지 막막하기만 했습니다. 그러던 중 응급실에서 암 환자 가족들의 이야기를 듣고 아빠에게 필요한 병원을 찾게 되어 그곳으로 이송하기로 했습니다.

알고 보니 그곳은 임종을 준비하는 병원이었습니다.

사실 이전에 대학병원 암 병동에 계실 때 기막힌 하나님의 초자연적인 은혜가 가족들에게 있었습니다. 그때까지도 나는 주저주저하며 아빠에게 담대하게 예수님을 영접시키지 못하고 있었습니다.

너무 긴급하고 답답한 상황이었습니다. 내가 아빠에게 예수님을 전할 수밖에 없는 어떤 계기가 절실히 필요했습니다. 담대하게 예수님을 영접시키지 못하고 있는 내게 하나님의 기적과 같은 은혜가 필요했습니다. 이런 마음의 소원을 품고 간절히 기도했습니다.

그때 믿음의 친구에게서 전화가 왔습니다.

그 친구를 통해 아빠의 영혼을 구원하고 천국으로 인도하고자 하시는 하나님의 큰 계획과 사랑을 알게 되었고 '이제 아빠는 꼭 예수님을 영접할 것이다'라는 믿음이 생겼습니다. 아빠의 마음속에 맺혀 있는 응어리 같은 기억들을 나와 형제들이 "사랑한다, 죄송하다"고 말씀드리므로 풀어 드려야 한다는 것도 알게 되었습니다.

나는 동생들과 통화하면서 "우리가 아빠의 마음을 풀어 드려야 한다"고 말했습니다. 그리고 한 날을 잡아 암 병동에 계시는 아빠에게 한 사람씩 찾아가 용서를 구하고 사랑한다고 말씀드렸습니다.

내가 생각하고 구한 것보다 더 세심하고 구체적으로 응답하시는 하나님의 손길을 나와 친정 가족 모두가 경험하게 되었습니다.

아빠의 영혼을 구원하기 위해 하나님이 나를 통해 일하시는 과정들이 신기하기만 했습니다. 성경은 가정 구원에 대해 분명히 말씀합니다. "주 예수를 믿으라. 그리하면 너와 네 집이 구원을 받으리라."(행 16:31)


## 성령님, 아빠를 전도하게 해주세요

나의 친정집은 우상 숭배하는 가정이었습니다.

내가 어렸을 때부터 친할머니는 무당인 고모할머니를 모시고 제사지내고 점보곤 했습니다. 할머니는 무당이 섬기는 산당에 아빠 이름을 올리고 아침마다 대접에 물 떠놓고 주문 외우듯 "비나이다"를 반복했습니다. 나는 그런 할머니를 보며 자랐습니다.

어느 순간 아빠는 친할머니의 우상 숭배하는 전철을 밟기 위해 신 내림을 받겠다고 산으로 들어가기도 했습니다. 그리고 방 한쪽을 아예 무당집 같은 장소로 만들어 신당을 차렸습니다.

아빠는 실제로 귀신을 보고 귀신의 음성을 들었다고 했습니다.

귀신과 접촉한 것이었습니다. 돌아가신 무당 할머니의 영정 사진을 세우고 촛불을 양쪽으로 켜 놓고 매일 물을 올리고 향을 피웠습니다. 염주와 목탁을 두고 지방도 써 붙이는 등 그럴싸한 신당을 차려놓고 밤마다 들어가 기도했고 그 방에서 주무시기도 했습니다.

나는 오랜 세월을 그 모습을 봐왔기에 덤덤했습니다.

내 힘과 의지로는 이러한 아빠가 감당이 안 되었습니다. 이렇게 우상숭배에 사로잡힌 아빠에게 용기 있게 예수님을 전할 자신이 없었고 예수님을 전해야 한다는 것이 무거운 짐처럼 여겨졌습니다.

나는 아빠가 한심하고 답답했기 때문에 무시할 때도 많았습니다.

이런 아빠가 예수님을 영접하기 위해서는 기적과 같은 하나님의 긍휼과 자비가 필요했습니다. 내 힘으로는 도저히 할 수 없었습니다. "만군의 여호와께서 말씀하시되, 이는 힘으로 되지 아니하며 능력으로 되지 아니하고 오직 나의 영으로 되느니라."(슥 4:6)

아빠는 4년제 대학도 나오고 인물도 좋고 머리도 좋았습니다. 그러니 어떻게든 남들처럼 평범하게라도 살 수 있었을 텐데 조상 대대로 내려오는 우상 숭배 죄로 인해 아프고 가난하게 사셨습니다.

아빠를 생각하면 한숨이 나왔습니다. 하나님은 믿음의 친구를 통해 이러한 아빠의 영혼을 사랑한다고 하셨습니다. 하나님은 아빠의 영혼을 귀하게 여겨 주셨습니다. 하나님은 그 무엇보다 아빠의 영혼을 더 사랑하셨습니다. 나는 놀라운 하나님의 사랑을 새삼 깨닫게 되었습니다. 아빠의 영혼을 귀하게 여기시고 그 영혼을 받기 원하시는 하나님의 사랑이 그저 놀라웠습니다. 그리고 하나님께서는 끝내 나를 통해 아빠가 예수님을 구주로 영접하게 하셨습니다.

내 마음에 어떠한 아픔과 상처와 후회가 없도록 하기 위해 나를 통해 영접하게 하신 하나님의 자비와 긍휼과 사랑이었습니다.

나는 많이 부족하고 연약했지만 하나님께서 하셨습니다.


**아빠, 이제 예수님을 구주로 영접하셔야 해요**

새벽 6시쯤, 나는 침대에 누운 채로 핸드폰 벨 소리에 놀라며 엄마의 전화를 받았습니다. 엄마는 "아빠가 이상하다"고 하셨습니다.

나는 그 말에 얼른 아빠에게 전화 걸었습니다.

"아빠, 이제 예수님을 구주로 영접하셔야 해요. 시간이 없어요."

내가 기도하면 '아멘'이라고 말씀하시라고 부탁했습니다. 아멘은 "네, 그렇습니다. 동의하고 확실히 믿습니다"라는 뜻입니다. "라오디게아 교회의 사자에게 편지하라. '아멘'이시요 충성되고 참된 증인이시요 하나님의 창조의 근본이신 이가 이르시되."(계 3:14)

예전에 서울목자교회 전도사님이 복음을 전하고 나서 "예수님을 믿으실 거면 '아멘' 하시면 됩니다"라고 한 말이 생각이 나서 나도 아빠에게 '아멘'만 하라고 했습니다. 솔직히 '아멘만 한다고 해서 구원을 받을 수 있을까?'라는 의심을 했었는데 정말 아멘만 해도 기적과 같은 구원을 받을 수 있겠다는 확신이 들었습니다. 아멘은 곧 죽어 가는 사람이라도 절대로 입에서 나오지 않기 때문입니다.

그날 이른 아침, 아빠는 풀리지도 않은 굳은 혓소리로 "아멘, 아멘"을 두 번이나 하셨습니다. 엄마도 곁에서 아빠에게 '아멘' 하라고 재촉하셨습니다. 나는 속으로 엄마가 옆에서 훼방하면 어쩌나 싶었는데 오히려 아빠를 좋은 곳으로 인도하려는 마음으로 나를 돕고 계셨습니다. "숙경이 아빠, 아멘 하래. 아멘 아멘 해 봐."

그날 아빠는 내가 전화로 예수님을 믿고 영접하라는 부탁에 '아멘'이라는 단어를 두 번이나 말씀하시면서 기적과 같은 구원을 받았습니다. 참 놀랍고 신기한 순간이었고 성령님께서 일하시는 순간이었습니다. 아빠의 의지로는 절대로 '아멘' 하실 분이 아니었기 때문입니다. 하나님께서 "아멘, 아멘"이라 고백하게 하셨습니다.

살아생전에 아빠가 예수님을 믿고 건강하게 사셨다면 더할 나위 없이 행복하고 좋았겠지만 마지막 순간에라도 아빠가 예수님을 영접하고 천국으로 가신 것이 얼마나 다행스럽고 좋은지 모릅니다.

하나님의 크신 은혜에 감사할 뿐입니다. "하나님의 약속은 얼마든지 그리스도 안에서 예가 되니 그런즉 그리스도로 말미암아 우리가 '아멘' 하여 하나님께 영광을 돌리게 되느니라."(고후 1:20)

그 이른 아침 친정 아빠가 '아멘' 하므로 예수님을 받아들이지 않았다면 아빠의 영혼은 어떻게 되었을까요? 분명히 지옥에 갔을 것입니다. 물론 마음으로 아멘 해도 구원은 받겠지만 하나님은 아빠의 의식이 살아 있을 때 입으로 시인하게 하셨습니다.

'아멘'은 하나님의 언어이기 때문에 성령님의 특별한 도우심 없이 사람의 의지로는 고백할 수 없습니다. 성령님의 도우심이 필요합니다. 하나님 보시기에 아빠에게 그러한 성령님의 초자연적인 도우심이 필요했던 것입니다. 아멘.


## 영원히 사는 문제 곧
## 영혼 구원이 가장 큰 기적이다

당신은 무엇을 가장 크게 여깁니까?

사람에게는 영과 마음과 몸이 있는데 그 중에 제일 중요하고 크게 생각해야 할 것은 바로 '영혼'입니다. 아빠가 예수님을 믿지 않고 우상 숭배했다는 것에 대해 제일 안타까운 부분이 바로 아빠의 영혼이 구원받지 못하고 지옥에 간다는 거였습니다.

어떻게든 예수님을 영접시켜서 천국에 보내드리고 싶었습니다.

결국 아빠는 천국에 가셨습니다. 장례식이 끝나고 엄마가 꿈을 꿨는데, 아빠가 위아래로 흰 양복을 입고 얼굴에 살이 오른 채 엄마를 바라보셨는데 너무나 실제처럼 느껴졌다고 했습니다.

"하나님이 세상을 이처럼 사랑하사 독생자를 주셨으니 이는 그를 믿는 자마다 멸망하지 않고 영생을 얻게 하려 하심이라."(요 3:16)


## 의인의 간구는 역사하는 힘이 큼이니라

천국은 어떻게 가며 영혼은 어떻게 구원을 받는 걸까요?

오직 구원자이신 예수님을 받아들이고 믿음으로 천국에 갑니다.

"다른 이로서는 구원을 얻을 수 없나니 천하 인간에 구원을 얻을 만한 다른 이름을 우리에게 주신 일이 없음이니라."(행 4:12)

오직 예수님만이 길이요 진리요 생명이 되십니다.

오직 예수 이름만으로 구원을 받고 천국에 들어갑니다. 다른 이름으로는 절대로 구원을 받을 수 없고 천국에 갈 수 없습니다.

"예수께서 이르시되 내가 곧 길이요 진리요 생명이니 나로 말미암지 않고는 아버지께로 올 자가 없느니라. 너희가 나를 알았더라면 내 아버지도 알았으리로다. 이제부터는 너희가 그를 알았고 또 보았느니라."(요 14:6~7)

예수님은 자신의 생명을 십자가에 내어 주기까지 우리의 영혼을 사랑하셨고 또 아빠의 영혼을 사랑하시므로 결국 천국으로 인도하셨습니다. 하지만 마귀는 아빠의 영혼을 도적질하고 죽이고 멸망시키는 영적인 존재로 계속 아빠가 믿지 못하도록 방해했습니다.

아빠는 여러 가지 수술을 하셨는데, 심장 수술로 병원에 입원해 계실 때 나는 큰 용기를 내어 예수님을 믿자고 권했습니다.

그때 아빠는 꾹 참고 아무런 말씀을 하지 않으셨습니다. 나중에 엄마를 통해 들었는데 "숙경이가 내게 예수님을 믿자고 할 때 속에서 뜨거운 분노가 치밀어 올라왔는데 참았다"고 하셨습니다. 그래서 아빠의 혈압이 갑자기 확 올라왔다면서 다시는 아빠에게 예수님 이야기하지 말라고 엄마에게 꾸지람을 들었던 적이 있습니다.

이렇게 마귀는 예수님의 복음을 받아들이지 못하게 훼방합니다.

보이지 않는 영의 세계와 영적인 존재가 있다는 것을 다시 한 번 깨닫는 순간이었습니다. "그 중에 이 세상의 신이 믿지 아니하는 자들의 마음을 혼미하게 하여 그리스도의 영광의 복음의 광채가 비치지 못하게 함이니 그리스도는 하나님의 형상이니라."(고후 4:4)

원수 마귀의 하는 짓거리가 괘씸하지만 걱정하지 마십시오.

하나님께서 우리에게 주신 언약의 말씀이 있습니다.

내가 아빠의 영혼을 위해 기도할 때 내 마음에 위로가 되고 힘이 되었던 말씀이 바로 사도행전 16장 31절과 야고보서 5장 16절이었습니다. "주 예수를 믿으라, 그리하면 너와 네 집이 구원을 받으리라", "의인의 간구는 역사하는 힘이 큼이니라."

절박한 순간에 짧게라도 주의 말씀을 붙잡고 기도할 때 나는 마음에 든든함을 느꼈습니다. 이 언약의 말씀을 주시고 언약대로 아빠의 영혼을 구원하신 하나님께 억만 번이나 감사드립니다.

## 나는 날마다 조금씩 더 부요해지고 있다

당신은 지금 어떤 변화를 겪고 있습니까?

나는 요즘 기도에 응답하시는 하나님과 내게 자유를 주시는 하나님을 경험하고 있습니다. 또한 나의 모든 가난을 담당하신 예수님을 믿음으로 인해 부요해졌습니다. 이런 믿음대로 내 삶에 하나님께서 남편을 통해 부요함을 더 많이 풀어 주시고 계십니다.

"우리 주 예수그리스도의 은혜를 너희가 알거니와 부요하신 이로서 너희를 위하여 가난하게 되심은 그의 가난함으로 말미암아 너희를 부요하게 하려 하심이라."(고후 8:9)

몇 년 전만 해도 나는 물질에 자유롭지 못하고 힘들어 했던 부분이 있었습니다. 양가 부모님께 용돈을 제대로 드리지 못했던 적도 있었고 백화점의 좋은 옷, 좋은 신발, 좋은 가방은 그림의 떡이었습니다. 그런데 나의 작은 순종과 믿음을 보시고 하나님께서 남편을 통해 물질적인 부분에서 여유롭게 해주셨습니다.

이 모든 것이 전적인 하나님의 은혜입니다. 성령님의 인도를 따라 내가 할 수 있는 부분에서 조금씩 주위 사람들을 물질로 섬길 수 있도록 이끌어 주셨습니다. 이제는 부모님께 용돈도 드리고 생활비도 드릴 수 있도록 하나님의 부요함을 더 많이 나타내고 계십니다.

예전에는 옷이나 신발 하나를 사더라도 고민하며 망설였는데 지금은 가끔 좋은 옷을 사 입기도 합니다. 또 고마웠던 형제들에게도 선물도 하고 싶은 마음의 작은 여유까지도 생겼습니다.

내가 꿈꾸며 소원했던 일들이 하나씩 이루어지고 있습니다.

내 기도에 대한 하나님의 응답하심으로 나의 삶이 점점 더 부요해지고 있습니다. 삶의 수준과 질이 조금씩 높아지고 있습니다.

하나님께서 요셉을 노예의 삶에서 애굽의 국무총리의 삶으로 높여 주시고 다시 채색 옷을 입혀 주셨듯이 하나님께서 남편을 통해 내 삶을 그렇게 변화시켜 주고 계십니다.

우리가 믿는 하나님 아버지는 부요하신 분입니다. 예수님이 말씀하신 '탕자 이야기'를 보면 이 사실을 더욱 잘 알게 됩니다.

[ 예수께서 말씀하셨다. "어떤 사람에게 아들이 둘 있는데, 작은 아들이 아버지에게 말하기를 '아버지, 재산 가운데서 내게 돌아올 몫을 주십시오'라고 하였다. 그래서 아버지는 살림을 두 아들에게 나누어 주었다. 며칠 뒤에 작은 아들은 제 것을 다 챙겨 먼 지방으로 가 거기서 방탕하게 살면서 그 재산을 낭비하였다. 그가 모든 것을 탕진했을 때 그 지방에 크게 흉년이 들어 그는 아주 궁핍하게 되었다. 그래서 그는 그 지방의 주민 가운데 한 사람을 찾아가 몸을 의탁하였다. 그 사람은 그를 들로 보내 돼지를 치게 하였다. 그는 돼지가 먹는 쥐엄 열매라도 좀 먹고 배를 채우고 싶은 심정이었으나 그에게 먹을 것을 주는 사람이 없었다. 그제야 그는 제정신이 들어 이렇게 말했다. '내 아버지의 그 많은 품꾼들에게는 먹을 것이 남아도는데 나는 여기서 굶어 죽는구나. 내가 일어나 아버지에게

돌아가서 이렇게 말씀드려야 하겠다. 아버지, 내가 하늘과 아버지 앞에 죄를 지었습니다. 나는 더 이상 아버지의 아들이라고 불릴 자격이 없으니, 나를 품꾼의 하나로 삼아 주십시오.' 그는 일어나 아버지에게로 갔다. 그가 아직도 먼 거리에 있는데 그의 아버지가 그를 보고 측은히 여겨 달려가 그의 목을 껴안고 입을 맞추었다. 아들이 아버지에게 말했다. '아버지, 내가 하늘과 아버지 앞에 죄를 지었습니다. 이제부터 나는 아버지의 아들이라고 불릴 자격이 없습니다.' 그러나 아버지는 종들에게 말했다. '어서 가장 좋은 옷을 꺼내 그에게 입히고 손에 반지를 끼우고 발에 신을 신겨라. 그리고 살진 송아지를 끌어내다가 잡아라. 우리가 먹고 즐기자. 나의 이 아들은 죽었다가 살아났고 내가 잃었다가 되찾았다.' 그래서 그들은 잔치를 벌였다." (눅 15:11~24) ]

자세히 살펴보면 이런 부요한 문장들이 나옵니다.

"내 아버지에게는 양식이 풍족한 품꾼이 얼마나 많은가."

"제일 좋은 옷을 내어다가 입히고, 손에 가락지를 끼우고, 발에 신을 신기라. 그리고 살진 송아지를 끌어다가 잡으라."

"우리가 먹고 즐기자."

이 얼마나 부요하신 아버지입니까? 우리가 믿는 하나님 아버지는 모든 것에 모든 것이 부요하신 최고의 아버지이십니다. 그렇다면 우리도 부요 믿음으로 이 땅에서 부를 누리며 살아야 합니다.

우리는 거지가 아닙니다. 그리스도 안에서 억만장자입니다.

하나님의 자녀로서의 부요 믿음을 회복하십시오.

## 내 속에 숨어 있던 악한 영들이 떠나갔다

당신은 마음에 진정한 자유가 있습니까?

나는 마음이 너무 힘들 때도 있었고 답답할 때도 많았습니다.

답답하고 힘들 때는 믿음의 선배나 친구와의 교제를 통해 권면과 용기와 위로를 받기도 했고 또 복음과 믿음, 기름 부음이 담겨 있는 책을 읽으며 마음을 다잡고 추스르는 인내의 시간들을 보내야 했습니다. 그래도 가끔 한계가 느껴졌는데 왜 그랬을까요?

믿음으로 사는 내 마음에 나도 모르는 답답함과 무거움이 있었습니다. 그것은 곧 환경적인 부분 때문이었습니다. 또한 속히 응답되어져야 할 기도 응답이 더딘 것에 대한 의문 때문이었습니다.

나는 여러 가지 답답함을 느꼈고 아픔과 상처로 인해 마음이 눌려 있었습니다. 그럴 때는 나도 모르게 분노가 치밀어 올랐습니다.

이러한 내면의 갈등을 겪을 때는 선택을 잘해야 했습니다.

원수 마귀에게 속아 잘못된 선택을 하지 말아야 합니다. 당장 겪는 아픔과 상처를 크게 여기지 말고 통의 한 방울 물처럼 작게 여겨야 합니다. 그래야 상대방에 대한 원망과 분노가 가라앉고 나쁜 감정에 휘둘리지 않게 됩니다. 내면에 갈등이 생기면 성령님의 도우심이 필요한 순간임을 깨닫고 즉시 도움을 구해야 합니다. 그런 생각을 일으킨 악한 영들을 예수 이름으로 대적해야 합니다.

"마귀를 대적하라, 그리하면 너희를 피하리라."(약 4:7)

어느 날부터 성령님께서 내 마음을 만져 주시기 시작했습니다.

그러자 내 안에 숨어 있던 악한 영들이 정체를 드러내기 시작했습니다. 식탁에 앉아 방언 기도를 하면 트림이 드륵드륵 났는데 처음에는 이런 현상이 뭔지 몰라 '소화가 안 되어 그런가?'라고 생각했습니다. 시간이 갈수록 다른 현상들도 나타나기 시작했습니다.

그런 현상을 통해 내 안에 있는 더러운 영들이 하나씩 다 빠져나갔습니다. 때론 기도하는데 입이 찢어지도록 하품이 나오고 기침도 나왔습니다. 눈물과 콧물, 가스도 나왔습니다. 신기하게도 그런 현상이 나타난 후에는 머리가 맑아지고 눈이 밝아지고 내 마음도 너무 홀가분해지는 거였습니다. 나를 사로잡고 있던 잡다한 생각과 악한 생각, 더러운 생각에서 자유를 얻었다는 것을 알게 되었습니다. 새털같이 가벼워지는 느낌이랄까요.

그리고 점점 더 자유로워지는 나 자신을 느끼게 되었습니다.

하나님께서 기름 부음을 통해 나의 내면을 만져 주시고 나를 자유롭게 풀어 주고 계시는 변화를 경험하게 된 것입니다.

나는 내게 일어나는 현상이 예배 시간에 설교를 들으면서 축사 곧 귀신을 쫓아내는 것임을 알게 되었습니다. 김열방 목사님께서 "예수 이름으로 안수 받을 때 기름 부음이 임하므로 귀신이 떠나간다. 그때 기침이나 가래가 나오기도 한다"고 말씀하셨는데 내게 일어나는 현상과 같았습니다. 내게서 악하고 더러운 것들이 떠나가는 축사 현상이 나타나고 있었던 것입니다. 이런 현상은 부끄러운 것이 아니라고 하셨습니다. 귀신의 정체가 드러나는 것은 기름 부음을 통해 귀신이 못 견디고 떠나가는 것이기 때문에 감사한 거라고 하셨습니다. 실제로 예배 시간에 기도할 때 기침이 나왔습니다.

설교 말씀을 들을 때에도 기침이 나왔습니다. 혼자 성령님께 나를 만져 달라고 부탁하고 성경 말씀을 읽을 때에도 트림이 나오기도 했습니다. 이러한 즉각적인 성령님의 실제적인 임재와 만지심이 내게도 있다는 것이 신기하고 놀라웠습니다. 특히 방언으로 기도할 때는 효과가 짱이었습니다. 성경에도 예수님께서 귀신을 꾸짖고 연약한 질병을 고치시는 장면이 많이 나옵니다.

귀신 들린 사람이 예수님을 만나면 그 속에 숨어 있던 귀신이 정체를 드러내며 소리를 지르고 떠나갔습니다. 그들은 질병에서 깨끗함을 받고 건강을 되찾았습니다. 수십 년간 괴롭히던 악한 귀신의 묶임에서 풀려졌고 지옥 같은 삶에서 자유를 얻은 것입니다.

"예수께서 바다 건너편 거라사인의 지방에 이르러 배에서 나오시매 곧 더러운 귀신 들린 사람이 무덤 사이에서 나와 예수를 만나니라. 그 사람은 무덤 사이에 거처하는데 이제는 아무도 그를 쇠사슬로도 맬 수 없게 되었으니 이는 여러 번 고랑과 쇠사슬에 매였어도 쇠사슬을 끊고 고랑을 깨뜨렸음이러라. 그리하여 아무도 그를 제어할 힘이 없는지라. 밤낮 무덤 사이에서나 산에서나 늘 소리 지르며 돌로 자기의 몸을 해치고 있었더라. 그가 멀리서 예수를 보고 달려와 절하며 큰 소리로 부르짖어 이르되 '지극히 높으신 하나님의 아들 예수여 나와 당신이 무슨 상관이 있나이까? 원하건대 하나님 앞에 맹세하고 나를 괴롭히지 마옵소서' 하니 이는 예수께서 이미 그에게 이르시기를 더러운 귀신아 그 사람에게서 나오라 하셨음이라. 이에 물으시되 '네 이름이 무엇이냐?' 이르되 '내 이름은 군대니 우리가 많음이니이다' 하고 자기를 그 지방에서 내보내지 마시기를 간구하더니 마침 거기 돼지의 큰 떼가 산 곁에서 먹고 있는지라. 이에 간구하여 이르되 '우리를 돼지에게로 보내어 들어가게 하소서' 하니 허락하신대 더러운 귀신들이 나와서 돼지에게로 들어가매 거의 이천 마리 되는 떼가 바다를 향하여 비탈로 내리달아 바다에서 몰사하거늘 치던 자들이 도망하여 읍내와 여러 마을에 말하니 사람들이 어떻게 되었는지를 보러 와서 예수께 이르러 그 귀신 들렸던 자 곧 군대 귀신 지폈던 자가 옷을 입고 정신이 온전하여 앉은 것을 보고 두려워하더라. 이에 귀신 들렸던 자가 당한 것과 돼지의 일을 본 자들이 그들에게 알리매 그들이 예수께 그 지방에서 떠나시기를 간구하더라. 예수께서 배에 오르실 때에 귀신 들렸던 사람이 함께 있기를 간구하였으나 허락하지 아니하시고 그에게 이르시되 '집으로 돌아가 주께서 네게 어떻게 큰일을 행하사 너를 불쌍히 여기신 것을 네 가족에게 알리라' 하시니 그가 가서 예수께서 자기에게 어떻게 큰일 행하셨는지를 데가볼리에 전파하니 모든 사람이 놀랍게 여기더라."(막 5:1~20)

나는 이런 축사가 좋았습니다. 말씀을 듣고 축사에 대한 지식이 생기니 더 자유하고 깨끗해지고 싶은 마음에 축사에 빠지게 되었습니다. 그러다 보니 뭔가 알 수 없는, 내 안에 허전함과 공허함 같은 것이 생겼습니다. 어디에 문제가 있었던 걸까요?

성령님께서 내 마음에 깨달음을 주셨습니다.

"가장 중요한 것은 성령님의 얼굴을 구하는 것이다. 성령님의 임재를 놓치지 마라. 마귀와 귀신도 통의 한 방울 물과 같다."

물론 나는 성령님의 임재 가운데에 있었지만 내가 가장 집중해야 했던 것은 '축사'가 아닌 '성령님의 얼굴'이었고 그분의 임재를 구하는 것이었습니다. 나는 원수와 싸우느라고 나의 전부이신 성령님의 얼굴을 놓치고 있었던 것입니다.

성령님 자신을 구하다 보면 자연스럽게 축사가 나타납니다.

나는 몇 가지 실수와 일련의 과정을 통해 이 놀라운 비밀을 깨닫게 되었습니다. 마귀와 싸우는 것보다 성령님의 얼굴을 구하는 것이 억만 배나 중요합니다. 그리고 날마다 믿음으로 살아야 합니다.

그 다음에 우리에게 주신 예수 이름의 권세로 나 자신과 주위 사람을 향해 명령하며 귀신을 쫓고 질병을 향해 꾸짖어야 합니다. 이것이 곧 하나님의 자녀의 권세입니다. 두 가지를 기억하십시오.

첫째, 예수 이름이 천국 열쇠입니다. "내가 천국 열쇠를 네게 주리니 네가 땅에서 무엇이든지 매면 하늘에서도 매일 것이요 네가 땅에서 무엇이든지 풀면 하늘에서도 풀리리라."(마16:19)

둘째, 예수 이름 앞에 모든 무릎이 꿇습니다. "이러므로 하나님이 그를 지극히 높여 모든 이름 위에 뛰어난 이름을 주사 하늘에 있는 자들과 땅에 있는 자들과 땅 아래에 있는 자들로 모든 무릎을 예수의 이름에 꿇게 하시고 모든 입으로 예수 그리스도를 주라 시인하여 하나님 아버지께 영광을 돌리게 하셨느니라."(빌 2:9~11)


## 나는 방언 기도를 많이 한다

당신은 방언 기도를 많이 합니까?

나는 평소에도 방언 기도를 많이 합니다. 방언은 성령님께서 우리를 통해 친히 간구하시는 '영의 기도'이기 때문에 혼적인 나의 생각과 의지로 하는 기도보다 억만 배나 더 강한 힘이 있습니다.

"이와 같이 성령도 우리의 연약함을 도우시나니 우리는 마땅히 기도할 바를 알지 못하나 오직 성령이 말할 수 없는 탄식으로 우리를 위하여 친히 간구하시느니라. 마음을 살피시는 이가 성령의 생각을 아시나니 이는 성령이 하나님의 뜻대로 성도를 위하여 간구하심이라."(롬 8:26~27)

김열방 목사님은 방언 기도를 많이 하라고 설교하셨습니다.

"방언은 100퍼센트 영의 기도, 감사 기도, 찬미 기도, 축복 기도입니다. 100퍼센트 절대 긍정의 기도입니다. 방언을 많이 하세요."

나는 영의 기도인 방언의 뜻은 알 수 없지만 방언 기도의 유익함을 믿고 방언 기도를 많이 합니다. 기도할 때 집중이 잘 안 되고 마음이 답답하다고 느끼면 무조건 방언 기도를 합니다. 나의 속사정을 누가 가장 잘 알겠습니까? 나보다 나를 더 잘 아시는 성령님께서 방언을 통해 나를 위해 기도해 주심을 믿고 방언으로 기도합니다.

방언을 말하면서도 어떤 때는 마음이 답답하고 기도하는 것이 힘듭니다. 그래도 성령님을 의지하며 방언으로 계속 기도합니다. 그러면 눈물이 터져 나오고 답답한 가슴이 뻥 하고 뚫리기도 합니다.

그래서 방언으로 쉬지 않고 기도하는 삶을 살고 있습니다. 나는 다른 사람보다 많이 부족합니다. 연약합니다. 그래서 성령님의 도우심이 간절히 필요하고 성령의 권능이 더욱 필요합니다. "하나님의 나라는 말에 있지 아니하고 오직 능력에 있음이라."(고전 4:20)

나는 서울목자교회 김열방 목사님과 사모님, 전도사님들처럼 기도하고 싶습니다. 간절하고 뜨겁게, 집중력 있게, 성령의 권능으로 힘 있게 기도하고 싶습니다. 성령님의 얼굴을 바라보며 성령님의 임재를 간절히 구하며 더 오래 기도하고 싶습니다.

나는 이러한 방언 기도와 성령님의 만지심으로 인해 내 안에 자리 잡고 있던 묶임으로부터 자유를 얻고 있었습니다. 그리고 내 힘으로는 도저히 용서할 수 없는 내면의 깊은 상처까지도 성령님께서 만져 주시므로 강퍅하고 완악한 마음에서 긍휼히 여기는 마음으로 돌이키게 되었습니다. "너희는 가서 내가 긍휼을 원하고 제사를 원하지 아니하노라 하신 뜻이 무엇인지 배우라. 나는 의인을 부르러 온 것이 아니요 죄인을 부르러 왔노라 하시니라."(마 9:13)

이러한 내면의 변화들이 일어나면서 예전의 어둡고 움츠러들고 주눅 들었던 나 자신이 어느 날 밝아졌음을 알게 되었습니다.

눈에 확 띄고 드러나는 변화는 아니었지만 성령님의 만지심으로 인해 나도 모르는 사이에 환하게 밝아져 있는 나의 내면의 변화가 신기했고 참 감사했습니다. 하나님은 다 주십니다. "자기 아들을 아끼지 아니하시고 우리 모든 사람을 위하여 내주신 이가 어찌 그 아들과 함께 모든 것을 우리에게 주시지 아니하겠느냐."(롬 8:32)

이 모든 것이 내 힘으로 애쓰고 방황할 때는 불가능했던 엄청난 변화였습니다. 이런 실수를 통해 내가 깨달은 것은 예수님이 "다 이루었다"(요 19:30)고 하신 말씀을 기억하고 '예수님이 십자가에서 다 이룬 복음'을 믿음으로 꼭 붙잡아야 한다는 것입니다.

답답한 마음으로 방황하며 이것저것 기웃거렸지만 결국은 믿음으로 돌아가야 한다는 억만금보다 귀한 깨달음을 얻었습니다. 그 이유는 그리스도 안에서 새로운 피조물이 된 성도들의 최고 무기가

'믿음'이며 "모든 것이 믿음으로부터 시작된다"는 깨달음을 얻었기 때문입니다. 다른 어떤 것도 아닌 오직 믿음만이 하나님을 기쁘시게 할 수 있습니다. "믿음이 없이는 하나님을 기쁘시게 하지 못하나니 하나님께 나아가는 자는 반드시 그가 계신 것과 또한 그가 자기를 찾는 자들에게 상 주시는 이심을 믿어야 할지니라."(히 11:6)

## 나는 매일 꿈꾸며 하나씩 도전한다

당신은 매일 꿈꾸며 하나씩 도전하고 있습니까?

나는 믿음으로 하나씩 도전하고 있습니다. 이 모든 것이 너무나 꿈만 같습니다. 딴 세상을 사는 것만 같습니다.

내게는 오랫동안 간절히 원했던 것이 하나 있었는데 하나님의 은혜로 그것을 이루었습니다. 운전입니다. 나는 운전이 너무나 하고 싶었습니다. 하지만 운전은 너무 겁나고 두려웠기 때문에 감히 도전할 수 없었습니다. 그래도 낙심하지 않고 계속 불타는 소원을 가졌더니 결국 하나님께서 그것을 이루어 주셨습니다. 무서워서 포기하고 싶었지만 너무나 간절했고 일평생 꼭 하고 싶었습니다.

누군가에는 '그까짓 거' 하며 쉽게 도전하고 이루는 꿈이겠지만 내게는 너무나 큰 벽이었습니다. 운전에 대한 두려움의 벽을 깨트리고 나오기까지가 너무 어려웠습니다. 막상 운전하겠다고 마음먹었지만 두려움 때문에 도망가고 싶었고 포기하고 싶은 마음이 계속 들었습니다. 그런데 그 두려움을 극복하고 운전을 배웠더니 불과 몇 달 전만해도 두 다리로 걸어 다녔는데 지금은 운전하며 예쁜 카페에 와서 행복한 마음으로 이렇게 책을 쓰고 있습니다.

해외에서 근무하는 남편이 몇 개월 만에 한국으로 들어왔습니다.

나는 남편이 들어오기 전에 학원에 등록해서 운전 연수를 받으려고 계획했었습니다. 그런데 모르는 사람에게 운전 연수를 받는 것이 또 다른 부담과 어려움으로 다가왔습니다. 비용도 3일에 30만 원이었고 하루에 2시간씩 배우는 과정이었습니다. 그래도 꼭 배워야겠다고 마음먹긴 했지만 부담이 컸습니다. 그런데 아주 기가 막힌 타이밍에 남편이 "내가 들어가면 연수해 주겠다"고 했습니다.

부부끼리는 운전 연수하면 안 된다는 말도 있지만 난 내심 너무나 좋았습니다. 그래서 큰마음 먹고 남편이 한국에 들어오기 전에 카톡으로 중고차 모델 사진을 보내며 은근슬쩍 구입을 부탁했습니다. 남편도 좋아하는 눈치였습니다. 그렇게 운전하겠다고 마음먹은 순간부터 신기하게도 하나님의 은혜가 나타나기 시작했습니다.

사실 자동차 구입에 대한 비용이 부담되어 남편에게 새 차를 당당히 요청할 수 없었습니다. 그래서 혼자 '중고차도 좋아, 연식이 얼마 안 된 것 중에 좋은 걸로 타면 돼'라고 생각했습니다.

그런데 시간이 지날수록 새 자동차에 대한 꿈이 생겼습니다.

지금 내가 쓰고 있는 핸드폰도 최고로 좋은 것인데, 그때도 믿음의 선배가 하나님께 구하고 좋은 것을 쓰라고 권했기 때문에 하나님께 구하고 믿음으로 저질러서 이 핸드폰을 구매했던 것입니다.

"예수님께서 우리의 가난과 저주를 다 담당하셨기 때문에 하나님의 자녀인 우리가 좋은 걸 써야 한다"는 믿음을 불어 넣어 주셔서 믿음으로 저지를 수 있었습니다. 그래서 지금까지도 잘 사용하고 있습니다. 자동차에 대해서도 부요 믿음이 필요했습니다.

나는 지나다니는 차와 운전하는 사람들을 보며 '정말 대단하다' 라는 생각을 하며 부러워하곤 했습니다. 나는 생각했습니다.

'나는 우주 만물을 창조하신 하나님의 귀한 자녀인데 나도 운전을 하며 하나님께서 주시는 좋은 것들을 누려야 하지 않을까? 세상 사람들도 운전하며 잘 다니는데, 나도 도전하고 싶어.'

그 꿈을 하나님께서 이루어 주신 것입니다. 때론 쌩쌩 달리는 차들을 보며 무섭기도 하고 또 운전에 대한 믿음이 연약해 실행에 옮기지 못하고 있었지만 결국 하나님은 그런 내 작은 신음 소리를 듣고 응답하셨습니다. 드디어 나는 운전을 시작하게 되었습니다.

당신도 운전과 자동차 구입에 도전하십시오.

"성령님, 운전하게 해주셔서 감사합니다."


## 중고 마인드가 아닌 새것 마인드를 가지라

당신은 중고 마인드에 매여 있지 않습니까?

하나님의 자녀는 세상 사람들이 쓰다 내 놓은 중고가 아닌 새것을 구하고 찾고 두드려야 합니다. 하나님도 새것을 좋아하십니다.

새 하늘과 새 땅, 새로운 피조물, 새 생명, 새 옷 등입니다.

차도 중고차만 구하고 찾다 보면 평생 중고차만 타게 됩니다.

하루는 불현듯 내 손에 있는 핸드폰을 보며 이런 생각을 하게 되었습니다. '그래, 이렇게 좋은 아이폰을 하나님이 주셨는데 새 차도 하나님이 주시지 않을까? 새 차 값이 내게는 큰돈이지만 하나님께는 아이폰 값이나 새 차 값이나 똑같은 거 아닌가?'

이사야 40장 15절의 "보라. 그에게는 열방이 통의 한 방울 물과 같고 저울의 작은 티끌 같으며 섬들은 떠오르는 먼지 같으니라"는 말씀에 근거해 나는 하나님께 새 차에 대한 내 마음의 소원을 올려드렸습니다. 나의 모든 가난과 저주를 담당하신 예수 그리스도의 대속에 대한 깨달음과 믿음이 내 생각에 변화를 주었던 것입니다.

"우리 주 예수 그리스도의 은혜를 너희가 알거니와 부요하신 이로서 너희를 위하여 가난하게 되심은 그의 가난함으로 말미암아 너희를 부요하게 하려 하심이라."(고후 8:9)

나의 모든 가난과 저주를 담당하신 예수님 때문에 나는 새 자동차를 받을 수 있는 자격이 충분했던 것입니다. 나는 "다 이루었다"(요 19:30)고 말씀하신 예수님을 바라보지 못하고 차 값 때문에 힘들어 할 남편을 바라봄으로 더 큰 것을 구하지 못했던 것입니다.

또 남편이 중고차를 사라고 하면 그것도 하나님의 응답으로 믿고 새 자동차가 들어오기 위한 하나의 과정이라고 생각하려고 했습니다. 그런데 놀랍게도 기적이 일어났습니다. 소심하게 생각했던 내게 하나님께서 남편을 통해 새 자동차를 주신 것입니다.

남편이 나오기도 전에 나는 한 달 만에 번쩍번쩍한 새 자동차를 받아 여동생을 통해 연수 받았고 또 믿음의 친구인 신미화를 통해 연수를 더 받아 총 7번이나 받았습니다. 하나님의 은혜였습니다.

그리고 남편에게 9일 동안 빡세게 연수를 더 받았지만 이미 7일

동안 연수를 받았기에 수월하게 군산, 부안, 전주 도로를 달릴 수 있었습니다. 또 한국에 있는 동안 거의 운전 연수에 매달려 도움을 준 남편의 쓴 소리 덕에 쉽고 안전하게 운전할 수가 있었습니다. 내게 이렇게 좋은 남편이 있다는 것이 얼마나 큰 복인지 모릅니다.

그리고 내게는 억만 배나 더 좋은 남편이 또 한 분 있습니다. 누굴까요? 바로 '큰 남편이신 예수님'이십니다. 큰 남편이신 예수님과 함께하면 인생길이 다 쉽습니다. 그분은 "쉽다"고 말씀하십니다.

"수고하고 무거운 짐 진 자들아, 다 내게로 오라. 내가 너희를 쉬게 하리라. 나는 마음이 온유하고 겸손하니 나의 멍에를 메고 내게 배우라. 그리하면 너희 마음이 쉼을 얻으리니 이는 내 멍에는 쉽고 내 짐은 가벼움이라 하시니라."(마 11:28~30)


## 처음엔 생소하지만 금방 익숙해진다

당신은 '어렵다, 불가능하다'는 생각을 하지 않습니까?

생각을 바꾸십시오. 세상에 어려운 일, 불가능한 일은 없습니다.

모두 쉽고 가능합니다. 단지 처음이라서 생소할 뿐입니다. 처음엔 뭐든 생소하지만 금방 친숙해지고 익숙해지고 능숙해집니다.

운전 연수를 받을 때 어떤 날은 다리가 저리기까지 했습니다. 하지만 하루하루 날짜가 지나가면서 오히려 그 시간들이 아쉽기만 했습니다. 열심히 남편이 운전 연수를 해주어 남편이 해외로 돌아가는 마지막 날은 내가 직접 운전하여 터미널에 가기도 했습니다.

그러나 집으로 돌아올 때는 어찌나 긴장되던지 방언으로 계속 기도하며 운전했습니다. 지금도 긴장하지만 성령님께 도움을 구하며 늘 깨어서 운전합니다. 주차도 서툴지만 서서히 좋아질 겁니다.

나는 예수님께서 외치신 "다 이루었다"는 말씀을 따라 삽니다.

나는 이번 일을 통해 다음과 같은 사실을 깨달았습니다.

"나는 무엇이든지 가능한 사람이며, 믿음으로 도전할 때 성령님께서 나를 도우신다. 사탄은 두려움을 통해 내가 아무것도 하지 못하도록 틀 안에 가둬 두려 하지만 자기 아들을 아끼지 않고 주기까지 하신 하나님은 내가 꿈꾸고 성취하는 삶을 살기 원하신다."

내가 주저하며 선뜻 결정을 못하고 힘들어 할 때 성령님은 성경 말씀을 한 구절 떠올려 주셨습니다. "내게 능력 주시는 자 안에서 내가 모든 것을 할 수 있느니라."(빌 4:13)

나는 중얼거리며 이 말씀을 입술로 고백했습니다.

내 믿음이 좋아서 이런 고백을 하는 건 아닙니다. 내가 너무 연약하고 내 힘으로는 아무것도 할 수 없다는 것을 알기에 고백하는 말씀입니다. 성령님은 그런 내게 능력을 주시는 분입니다. 내 안에 살아 계신 예수 그리스도의 영이신 성령님으로 말미암아 무엇이든지 성취하는 삶을 살게 하신 하나님의 은혜에 감사를 드립니다.

"하나님이 능히 모든 은혜를 너희에게 넘치게 하시나니 이는 너희로 모든 일에 항상 모든 것이 넉넉하여 모든 착한 일을 넘치게 하게 하려 하심이라."(고후 9:8)

당신에게도 이런 은혜가 넘치기 바랍니다.

# 절대 긍정의 믿음으로 존재 가치를 인정하라

## 당신의 존재 가치는 억만 점이다

당신은 당신의 존재 가치를 얼마큼 매겼습니까?

혹시 세상 사람들의 기준으로 가치를 매기지 않았습니까?

'가치'는 나 스스로 세운 기준이기도 하지만 주위 사람들이 말하는 기준이기도 합니다. 사람들은 외적인 기준으로 가치를 정하려고 합니다. 눈에 보이는 돈, 명예, 학벌, 숫자, 외모 등의 기준으로 가치를 매깁니다. 육신의 기준은 그럴지 모르나 영의 기준은 다릅니다. 인류를 창조하신 하나님 아버지 앞에서는 모든 인간이 동등하기 때문입니다. 육신의 기준으로 볼 때 이 사람은 외적으로 어떤 면에서 뛰어나지만 저 사람은 그렇지 않을 수도 있습니다.

하나님의 눈은 외적인 면만 아닌 내적인 면까지 보십니다. 그분 앞에서 아무리 아름답게 외모를 가꾼다 해도 그 안에 죄악이 가득하다면 소용없습니다. 하나님은 단번에 알아보십니다.

하나님은 사랑이십니다. 모든 인간은 하나님 앞에 동등하며 똑같은 사랑을 받고 있습니다. 그분의 사랑은 조건이 없습니다. 그분은 사람을 차별하지 않으십니다. 그런데 그 사랑을 느끼지 못하는 사람들이 참 많습니다. 하나님의 사랑을 모르는 사람들은 자신을 육신의 기준으로 평가하고 다른 사람들 또한 육신의 기준을 들어 평가하며 매도합니다. 하지만 하나님의 한없이 큰 사랑을 알고 믿게 되면 더 이상 육신의 기준 따위에 신경 쓰지 않게 됩니다.

당신은 누구를 1순위로 둡니까? 나는 하나님을 1순위로 두기 때문에 외롭지 않습니다. 하나님이 나를 사랑하신다는 것을 알기 때문에 염려하지도 않습니다. 내 안에 하나님의 사랑이 가득히 있음을 알기에 나 자신을 사랑하고 주위 사람들도 사랑합니다.

예수를 믿으나 믿지 않으나 원래 인간은 하나님의 형상을 따라 지음 받았기 때문에 그 존재 가치는 셀 수 없을 만큼 많습니다. 억만 점의 가치를 지녔습니다. 당신은 존귀한 사람입니다.

그런데 사탄은 태초의 인간을 꼬드겨 죄를 짓게 했고 그 인간이 자신의 존재 가치를 낮추게 했고 주위 사람들까지 존재 가치를 밑바닥으로 낮추게 만들었습니다. 우리가 죄인일 때는 사탄의 손아귀에 있으므로 휘둘리기 쉬웠지만 지금은 그렇지 않습니다. 우리는 예수 이름으로 사탄을 꾸짖고 대적해야 합니다.

우리가 예수를 구주로 영접하면 사탄에게서 벗어나 하나님 아버지의 자녀가 됩니다. 사탄은 여전히 우리를 낮추려고 하지만 우리는 자신의 존재 가치에 대해 조금도 의심하지 말고 믿어야 합니다.

"누가 뭐라 하든 상관없이 나는 억만 점의 존재 가치를 가진 하나님의 자녀야. 비록 육신의 기준으로는 모자란 것이 있다 해도 하나님의 기준으로는 계속 억만 점의 존재이고 존귀한 사람이야."

나 자신을 억만 점의 존재로 여기게 되면 어떤 비난과 판단을 받든 마음이 낮아지지 않습니다. 누군가의 시선에 벌벌 떨지 않고 부정적인 생각을 하지도 않습니다. 긍정적인 생각만 합니다.

당신은 그리스도 안에서 의인입니다.

의인답게 죄를 짓지 않고 거룩한 삶을 살면 됩니다.

의로워지기 위해 뭔가를 더 해야 하는 것이 아닌 하나님 아버지와 함께 살며 그분이 정말로 원하시는 일을 추구하면 됩니다.

학교에서 공부하거나 직장에서 일할 때도 죄짓는 일이 아니라면 누군가 비난한다고 해도 신경 쓰지 마십시오. 그들의 비난에 당신의 가치는 1점도 낮아지지 않습니다. 이미 억만 점인데 그 사람의 비난으로 1점 낮아진다고 해도 별 차이가 나지 않습니다.

하나님의 은혜로 말미암아 우리는 누구나 억만 점의 가치를 지닌 존귀한 사람이 되었습니다. 그렇다면 억만 점의 가치를 지닌 하나님의 자녀답게 살기 위해 우리는 어떻게 행동해야 할까요?

첫째, 의로운 자답게 의로운 삶을 살아야 합니다.

우리는 그리스도 안에서 항상 억만 점의 존재 가치를 지닌 사람입니다. 우리는 예수를 구주로 영접하므로 의인이 되었으며 하나님의 의를 가진 사람입니다. 죄인도 아니며 죄를 갖고 있지도 않습니다. 예수의 피로 말미암아 죄 씻음을 받았기 때문입니다.

그러나 사탄은 어떻게든 우리가 죄를 짓게 하려고 유혹합니다.

우리는 그 꼬임에 넘어가지 말아야 하고 "내 안에 하나님의 의가 가득하며 나는 의인이다"라는 믿음을 가져야 합니다.

죄를 지으므로 그 대가를 치러야 하는 것은 우리 자신입니다.

하나님께서 주신 십계명은 우리가 거룩한 삶을 살게 하기 위한 율법입니다. 십계명을 지키므로 의인답고 행복한 삶을 살 수 있습니다. 하지만 이것은 우리의 힘과 노력으로는 안 됩니다. 그러므로 날마다 이렇게 말씀드리며 성령님께 도움을 구해야 합니다.

"성령님, 오늘도 거룩한 삶을 살게 해주세요."


## 소중한 인생길을 성령님과 함께하자

당신은 인생길을 걸으며 두려워한 적이 없습니까?

물론 평소에 길을 걸을 때는 두려워할 일이 없습니다. 그러나 인생길은 두려움이 있을 수밖에 없습니다. 한낱 작은 티끌 같은 인간은 한 치 앞도 알 수 없기 때문입니다. 지금 당장은 인생이 평탄할 수 있으나 불과 몇 분 뒤에 큰일이 닥칠 수도 있고 또 며칠 뒤나 몇 개월 뒤에 생각지도 못한 큰일이 일어날 수도 있습니다.

그렇기에 인생길에는 두려운 것이 많습니다.

사실 이 두려움은 모두 사탄이 주는 겁니다. 사탄은 하나님께 찬양을 올리던 천사였는데 교만을 떨며 하나님을 대적하다가 하늘에서 쫓겨나 지옥을 다스리게 되었습니다. 사탄과 함께한 천사들도 같이 떨어져 귀신들이 되었습니다. 이런 타락한 사탄과 귀신들은 하나님의 창조물인 인간이 축복의 땅인 에덴동산에서 행복하게 지내는 것을 못마땅하게 여기며 시기하고 미워했습니다.

그래서 사탄이 뱀을 통해 여자인 하와에게 다가갔습니다.

그리고 하와에게 "하나님이 선악과를 먹지 말라고 하신 것은 먹으면 죽지 않고 하나님처럼 되기 때문이다"라고 달콤한 거짓말로 속삭였습니다. 하와는 홀라당 넘어가 먼저 먹고는 괜찮다며 남편인 아담에게도 주었고 아담도 선악과를 먹고 말았습니다. 그 순간 인간은 하나님의 형상을 닮은 그대로의 모습을 잃었습니다. 죄인이 되었고 목마름을 얻었으며 병에 걸리게 되었고 가난하게 되었고 어리석게 되었고 징계를 받으며 죽음에 이르게 되었습니다.

원래 하나님의 형상 그대로인 인간은 의인이었고 성령 충만했고 건강했고 부요했으며 지혜로웠고 평화롭고 생명을 갖고 있었습니다. 한없이 행복했습니다. 하지만 의인에서 죄인이 된 인간은 하나님과 단절되었고, 사탄과 귀신들은 죄인을 자신의 손에 쥐고 자기들처럼 괴롭게 하려고 두려움과 염려를 불어넣었습니다.

인생길을 두려워하게 하고 염려하게 만든 것입니다.

이런 불쌍한 인간을 위해 하나님께서 독생자 예수님을 보내시어 모든 죄를 대속하게 하셨습니다. 예수님이 십자가에 못 박혀 모든 죄와 저주를 짊어지고 피 흘려 죽으셨다는 사실을 믿으십시오. 그러면 죄 사함을 받고 의인이 됩니다. 하나님의 형상을 닮은 예전의 모습 그대로 돌아가게 됩니다. 다시 한없이 행복해집니다.

의인인 당신을 이제 사탄과 귀신들이 괴롭힐 수 없습니다.

하나님께서 당신 안에 들어와 계시기 때문입니다. 당신 안에 계신 하나님 곧 성령님을 신뢰하고 의지하십시오. 성령님과 함께하는 당신의 인생길은 행복합니다. 인생길에 장애물이 전혀 없을 수는 없지만 그것을 성령님과 함께 가볍게 뛰어넘으면 됩니다.

때로는 그 장애물에 걸려 넘어질 수도 있습니다.

그럴 때 두려워하거나 염려하지 마십시오. 사탄과 귀신들은 당신이 넘어진 틈을 타서 부정적인 생각과 감정, 느낌을 불어넣습니다.

"이것 봐, 역시나 삶이 힘들고 괴롭지? 콱 죽고 싶지?"

그럴 때 악한 영에게 넘어가지 말고 이렇게 명령하며 예수 이름으로 쫓아내야 합니다. "예수 이름으로 명하노니 '괴롭다, 죽고 싶다'는 생각을 가져오는 악한 영은 떠나가라. 다시는 오지 마라."

그러면 그런 생각이 싹 사라집니다. 하나님께서는 당신에게 예수 이름의 권세를 사용하도록 허락하셨습니다. 하나님의 독생자 예수 그리스도의 거룩한 이름 앞에 사탄과 귀신들은 벌벌 떱니다.

예수님이 명령을 내리면 귀신들이 바로 사람에게서 떠나갔습니다. 예수님을 모신 당신도 예수 이름으로 명령하여 사탄과 귀신들이 당신 자신과 다른 사람들에게서 모두 떠나가게 해야 합니다.

성령님은 예수의 영이십니다. 그러므로 당신이 예수님의 이름으로 명령을 내리면 예수님께서 기뻐하시며 당신을 도우십니다.

이 명령에 놀란 사탄과 귀신들은 당신 주위에서, 그리고 다른 사람들에게서 쑥 하고 떠나갑니다. 꼭 실천하십시오.

## 나는 마음이 건강한 사람이 되었다

당신은 마음이 건강한 사람입니까?

나는 그리스도 안에서 마음이 건강한 사람입니다.

부정적인 생각이 가득한 사람은 마음이 병든 사람입니다.

마음은 육신에 영향을 미치고 육신은 삶에 영향을 미칩니다.

긍정적인 마음이 가득한 사람은 마음이 건강한 사람입니다.

긍정적인 마음은 당신의 인생이 성공하는데 있어 지대한 영향을 끼칩니다. 어떻게 해야 긍정적인 마음을 갖고 살 수 있을까요?

먼저, 예수님이 내 죄와 저주를 대속하셨다는 것 곧 복음을 믿어야 합니다. 하나님의 독생자 예수 그리스도가 십자가에 못 박혀 피와 땀과 눈물을 흘리며 죽으셨습니다. 그분이 흘리신 보혈은 예수를 구주로 영접한 자의 죄를 완전히 사합니다. 당신은 예수님을 영접했습니까? 그럼 당신은 죄인이 아닌 의인입니다. 죄가 당신을 떠났고 죄로부터 오는 저주도 사라졌습니다. 죄와 목마름, 병과 가난, 어리석음과 징계, 죽음이라는 일곱 가지의 저주가 사라졌습니다.

그리스도 안에 있는 당신에게 의와 성령 충만, 건강과 부요, 지혜와 평화, 생명 등 일곱 가지의 복이 임했습니다. 이것을 믿을 때 비로소 의인으로서의 삶을 살 수 있으며 일곱 가지의 복을 누리게 됩니다. 죄목병가어징죽을 믿으면 부정적인 마음이 생겨납니다.

첫째, 당신은 더 이상 죄인이 아닙니다.

'나는 용서받았지만 여전히 죄인이야'라고 생각하지 마십시오.

예수를 믿음으로 이미 죄 사함을 받고 의인이 되었음에도 불구하고 자신을 죄인이라고 생각하면 자신의 힘과 노력으로 죄 사함 받으려고 애쓰게 됩니다. 그리스도 안에 있는 사람은 더 이상 죄인이 아닌데 자기 스스로를 죄인 취급하고 정죄하면 '신분 의식'에 따라 죄인이었을 때처럼 자꾸 죄를 짓고 방탕한 삶을 살게 됩니다.

성경은 당신을 의인이라고 말하며 "의인이 믿음으로 살리라"고 했습니다. 의인의 신분 의식을 가지고 의인답게 살기 바랍니다.

둘째, 당신은 더 이상 목마르지 않습니다.

'나는 늘 목말라. 어딘가 허전하고 부족해. 가슴이 답답해.'

그렇지 않습니다. 예수를 구주로 영접하면 예수의 영이신 성령님이 일곱 가지의 복과 함께 그 사람 속에 임하십니다. 성령님이 강물같이 가득히 임하셨으므로 항상 성령 충만합니다. 그런데 자신이 성령 충만하다는 것을 믿지 않으면 늘 부족함을 느끼고 다른 것으로 목마름을 채우려고 합니다. 그런 짓을 멈춰야 합니다.

셋째, 당신은 더 이상 병에 걸리지 않습니다.

'나는 큰 병에 걸릴 거야. 병은 유전이라던데. 부모님과 형제가 암에 걸렸었는데 나도 걸릴지 몰라. 어쩌지? 너무 두려워.'

마귀에게 속지 마십시오. 하나님은 그분의 자녀에게 병을 주는 분이 아닙니다. 그분은 치료의 하나님이십니다. 예수님께서 이 땅에 오셨을 때 병에 걸린 자를 다 고치고 귀신을 쫓아내셨습니다.

하나님은 사랑의 하나님이십니다. 당신이 부모 입장이 되어 보십시오. 너무나도 사랑하는 자녀가 병에 걸려 고통스러워한다면 춤추며 기뻐하겠습니까? 아니면 가슴을 치며 아파하고 하루빨리 자녀의 병을 고치려고 노력하겠습니까? 후자일 것입니다.

하나님도 마찬가지입니다. 하나님께서는 의인을 자녀로 삼았고 의인 하나하나를 다 귀중히 여기십니다. 아주 깊이 사랑하십니다.

그런 분이 어떻게 자녀에게 병을 주시겠습니까? 병은 사탄과 귀신들이 주는 겁니다. 당신 안에 병 고치시는 예수님이 계시므로 그분의 이름으로 병을 꾸짖어 쫓아내야 합니다. 어떤 이유에서든 병을 인정하거나 받아들이지 마십시오. 이렇게 명령하십시오.

"예수 이름으로 명하노니 더러운 병아, 내 몸에서 사라져라. 다시는 나타나지 말지어다."

넷째, 당신은 더 이상 가난하지 않습니다.

'나는 가난해. 평생 이 지긋지긋한 가난에서 못 벗어날 거야.'

아닙니다. 당신 안에 세상의 모든 것을 가지신 하나님께서 임하여 계시므로 당신은 부요합니다. 이 사실을 믿기만 하면 하나님을 모신 당신에게 부요가 저절로 굴러들어 옵니다. 먹을 것, 입을 것, 잘 곳은 하나님께서 당신에게 있어야 할 것을 아시고 저절로 안겨 주신다고 했습니다. 그 외에도 필요한 것이 있다면 하나님께 구하고 받은 줄로 믿으십시오. 그러면 반드시 응답받습니다.

다섯째, 당신은 더 이상 어리석지 않습니다.

'나는 어리석어. 왜 이렇게 바보 같고 멍청할까?'

아닙니다. 세상에서 가장 지혜로우신 예수님, 지혜 그 자체가 되시는 예수님이 당신 안에 임하여 계십니다. 그러므로 당신은 지혜로운 사람입니다. 물론 순간적으로 육신의 생각을 할 때는 멍청한 선택을 할 수가 있습니다. 하지만 내 안에 계신 성령님을 의지한다면 지혜로운 선택을 할 수 있습니다. 이렇게 도움을 구하십시오.

"성령님, 이 일은 어떻게 해결해야 할까요? 저를 도와주세요. 지혜로운 선택을 하게 해주세요."

여섯째, 당신은 더 이상 징계를 받지 않습니다.

'나는 저주를 받을 거야. 하나님께 매 맞을 거야.'

아닙니다. 당신에게서 저주가 사라졌고 복이 임해 있습니다.

저주에 대한 믿음을 버리고 축복에 대한 믿음을 가지십시오.

일곱째, 당신은 빨리 죽지 않고 장수하며 영원히 삽니다.

'나는 빨리 죽을지도 몰라. 그냥 빨리 죽었으면 좋겠어.'

아닙니다. 마귀에게 속지 마십시오. 그런 생각을 가져오는 귀신을 쫓아내십시오. 예수님께서 당신 대신 죽으시므로 당신에게 새 생명을 주셨습니다. 당신은 이미 한 번 죽었다가 살아난 것입니다. 새 생명을 주신 예수님께 감사하고 당신의 삶을 소중히 여기십시오. 그러면 이 땅에서 천국같이 살고 죽어서도 천국에 가게 됩니다.

"천국 같이 살다가 천국으로 갑시다."


## 나는 행복하다는 말을 많이 하게 되었다

당신은 하루에 몇 번 정도 "행복하다"는 말을 하십니까?

나는 하루에 셀 수 없이 많이 행복하다는 말을 합니다. 원래 나는 행복하다는 말을 많이 하는 사람이 아니었습니다. 나에게는 "괴롭다, 힘들다, 지친다"는 말이 더 친숙하고 익숙했습니다. 하루를 살면서 이런 말을 입에 달고 살았는데, 지금은 바뀌었습니다.

내가 어떻게 행복하다는 말을 입에 달고 살게 되었을까요?

첫째, 입으로 먹는 것보다 중요한 것이 입으로 내뱉는 말이라는 것을 깨달았기 때문입니다. 물론 먹는 것도 중요합니다. 먹지 못하면 쫄쫄 굶고 생존할 수 없게 됩니다. 그런데 먹을 것은 있으나 인생이 행복하지 않으면 어떻게 될까요? 먹기 위해 사는 인생이 됩니다. 아무런 꿈도 희망도 없는 비참한 인생을 살게 됩니다.

한 번뿐인 인생이며 적어도 백 세 인생을 산다면 행복하게 살아야 하지 않겠습니까? "행복하다"는 말을 하면서 살기 바랍니다.

둘째, 내가 진정으로 원하는 말만 입 밖으로 꺼냅니다.

당신이 원하는 것이 '괴로움'입니까? 아니라면 입술로 그 말을 하지 말고 당신이 진정으로 원하는 행복만 말하십시오.

"나는 행복해. 아, 행복하다."

당신이 원하는 삶이 '힘듦'입니까? 아니라면 입술로 힘들다는 말을 하지 마십시오. 당신이 진정으로 원하는 것을 말하십시오.

"하나도 힘들지 않아. 피곤하지 않아. 새 힘이 넘쳐."

당신이 원하는 것이 '지침'입니까? 아니라면 입술로 지침을 말하지 말고 당신이 진정으로 원하는 기쁨과 즐거움을 말하십시오.

"나는 너무 기뻐. 나는 정말 즐거워."

이렇게 당신이 원하는 것을 말하면 말한 대로 씨가 뿌려지고 그 씨가 열매를 맺습니다. 말은 씨와 같습니다. 말이라는 씨가 내 입에서 내뱉어진 순간 마음이라는 땅에 심어집니다. 그 씨는 시간이 갈수록 성장하더니 열매를 맺어 내 인생에 큰 영향을 끼칩니다.

괴롭다고 말하면 삶이 더 괴로워집니다. 힘들다, 지친다고 말하면 삶에 힘든 일과 지치게 만드는 일이 계속 발생합니다. 부정적인 말은 부정적인 열매를 맺습니다. 그러므로 우리는 긍정적인 말을 내뱉으므로 좋은 열매를 맺어야 합니다.

셋째, 주위에서 내뱉는 말도 우리에게 영향을 끼칩니다.

혹시 당신 주위에 부정적인 말을 쉴 새 없이 내뱉는 사람이 있습니까? 그런 사람이 옆에 있으면 당신이 아무리 긍정적인 말을 하며 좋은 씨를 뿌려도 그 사람이 뿌린 '부정적인 말'이 당신의 씨를 잡아먹고 그 사람의 씨앗만 열매를 맺을 수 있습니다. 그런 사람과 가까이하지 마십시오. 꼭 만나야 할 상황이라면 그 사람에게 말의 중요성을 알려주고 부정적인 말을 하지 말라고 부탁하십시오.

말에는 큰 힘이 있습니다. 하나님도 말씀으로 천지 만물을 창조하셨습니다. 그리고 사탄과 귀신들도 말로 사람들을 현혹합니다.

마귀는 온갖 꾸며진 말과 속이 텅 빈 헛된 말을 자꾸 내뱉으며 사람들을 현혹하며 죄를 짓게 만듭니다. 말로 사람을 괴롭게 하고 그 사람이 다른 사람에게도 똑같이 현혹하게 만듭니다. 그러면 모든 사람이 사탄과 귀신들의 꼭두각시로 전락하게 되는 겁니다.

그러므로 우리는 항상 말을 조심해야 하며 부정적인 말을 하지 말아야 합니다. 죄와 목마름, 병과 가난, 어리석음과 징계와 죽음에 대한 말을 하지 말아야 합니다. 그런 현혹하려는 말에 넘어가서도 안 됩니다. 온전한 복음의 말, 절대 긍정의 말만 해야 합니다.

하나님의 독생자 예수 그리스도가 십자가에 못 박혀 피와 땀과 눈물을 흘리며 돌아가시므로 인류의 죄를 대속하셨습니다. 죄로 끊어졌던 하나님과 인류의 사이를 다시 연결해 주신 것이지요. 이것을 믿을 때 죄를 완전히 사함 받아 의인이 됩니다. 의인 안에 예수의 영이신 성령님이 임하십니다. 성령님께서는 의와 성령 충만, 건강과 부요, 지혜와 평화, 새 생명을 가지고 임하셨습니다.

그러므로 우리는 가만히 있든지 뭔가를 하든지 간에 성령님을 모시고 있으며 의성건부지평생이 임해 있다는 것을 기억해야 합니다.

이 얼마나 감사한 은혜인지요. 이 사실을 모르고 사탄과 귀신들의 꾸며진 말에 속아 율법주의에 빠진 사람들은 이 풍성한 은혜를 제대로 누리지 못하고 있습니다. 당신은 이제 깨달았으니 당신이 누리고 싶은 것만 말하고 절대 부정적인 말, 죄목병가어징죽에 대한 말을 하지 말기 바랍니다. 이것이 복을 받는 비결입니다.

절대 긍정의 말, 의성건부지평생의 말만 하기 바랍니다.


## 내 삶의 모든 이유가 되는 성령님


당신은 사는 이유가 있습니까?

만약 있다면 어떤 이유입니까? 혹시 주위 사람들이 사는 이유가 되지 않았습니까? 아니면 사는 이유가 없이 그냥 태어났으니 죽다 못해 살고 있지는 않습니까? 사는 이유가 없으면 어떨까요? 평탄한 삶이라면 괜찮겠지만 시련이 생기면 그때는 버티지 못합니다.

'내가 왜 살아야 하지? 살 이유도 없고, 이렇게 힘들기만 할 거면 그냥 콱 죽어 버리는 게 낫지. 하루하루가 숨이 턱턱 막혀.'

이렇게 아주 극단적으로 생각이 흘러가기 때문입니다.

또한 주위 사람들이 사는 이유이거나 아니면 애완동물, 또는 어떤 사물이 사는 이유가 될 수도 있습니다. 하지만 기억해야 할 것은 사람과의 관계나 사람들의 수명이 무한하지 않다는 것입니다. 내가 그 사람 때문에 산다고 해서 그 사람도 나 때문에 살지는 않습니다. 그 사람은 그 사람 나름대로의 이유로 살아가고 있을지 모릅니다. 사는 이유를 사람이나 애완동물, 사물에 두면 갑자기 시련이 닥쳐 그 삶의 이유이던 것들이 떠나게 되면 자신이 사는 이유도 사라지는 것입니다. 그러면 생각이 극단적으로 흘러갈 수도 있습니다.

그러므로 우리는 삶의 이유를 사람도 동물도 사물도 아닌 다른 것에 두어야 합니다. 그럼 나 자신을 삶의 이유로 두면 되지 않느냐고요? 안 됩니다. 나 자신도 사람이기 때문입니다. 나 자신이 사는 이유가 되면 내가 잘못을 저지르거나 시련을 겪을 때 마음 둘 곳을 몰라 방황하게 됩니다. 과연 어디에 사는 이유를 두어야 할까요?

첫째, 만물의 창조주이시며 영원하신 하나님 아버지께 내 삶의 이유를 두어야 합니다. 하나님께서는 태초에 천지 만물을 창조하셨고 직접 흙으로 빚어 인간을 만드셨습니다. 그 인간의 코에 자신의 생기를 불어넣으시고 영원한 생명을 주셨습니다.

태초의 인간 아담과 하와는 복의 땅인 에덴동산에 거하며 그들에게 직접 찾아오시는 여호와 하나님과 함께 동산을 거닐며 살았습니다. 그들이 사는 이유는 하나님이었고 날마다 마음을 하나님께 두고 그분과 사랑의 교제를 나누기를 기대했던 겁니다.

그런데 그들은 뱀을 통해 나타난 사탄의 꼬임에 넘어가 사는 이유를 하나님이 아닌 자기 자신으로 삼았습니다. 그들은 자신이 하나님처럼 될 수 있다는 사탄의 새빨간 거짓말에 속아 넘어갔습니다. 그로 인해 하나님과 그들의 관계는 끊어졌고 에덴동산에서 쫓겨나 자신이 땀 흘려 일하며 겨우 먹고 살 수 있게 되었습니다.

하지만 하나님께서는 여전히 그들을 사랑하시어 그들 대신 한 짐승을 잡고 그 가죽을 벗겨 그들에게 입히셨습니다. 이 짐승은 앞으로 오실 예수 그리스도를 의미했습니다. 이렇게 아담과 하와는 죄사함을 받았지만 그들의 자손들은 태어날 때부터 원죄를 갖고 태어났습니다. 불쌍한 인류를 위해 2천년 전에 하나님의 독생자 예수 그리스도가 이 땅에 오셨고, 그분은 죄가 없는 분이셨지만 우리 대신 십자가에 못 박혀 피와 땀과 눈물을 흘리며 돌아가셨습니다.

예수님의 피가 인류의 죄를 완전히 대속했습니다. 이것을 믿을 때 죄를 완전히 사함 받고 의인이 됩니다. 그리고 예수의 영이신 성령님이 그 사람 안에 거하시게 됩니다. 의인이 된 우리는 죄를 짓기 전 태초의 인간들처럼 사는 이유를 우리 안에 계신 성령님께 두어야 합니다. 그럴 때 삶의 이유를 느끼며 행복해집니다.

우리는 예수님으로 말미암아 새로운 삶을 살게 되었습니다. 지난 삶은 아무런 의미도, 사는 이유도 없었다면 이제는 삶의 이유를 찾은 겁니다. 내 대신 죽으신 예수님 때문에 살고, 나를 너무나 사랑하시어 직접 내 안에 들어오신 성령님이 사는 이유가 된 것입니다.

그럴 때 어떤 시련이 와도 절대 흔들리지 않습니다.

나보다 더 힘들고 괴로우셨을 주님을 생각하면 마음이 단단해집니다. 그리고 내 안에 계신 성령님이 나를 지켜 주신다는 것을 믿기 때문에 어떤 시련이 와도 두렵지 않게 됩니다.

나는 이러한 믿음을 갖고 있기 때문에 사람이 내 곁에 머물든 떠나든 신경 쓰지 않게 되었습니다. 지난 좋은 추억과 아픈 과거에 미련을 갖지 않게 되었습니다. 나는 이미 새로운 사람이 되었으므로 새로운 미래를 바라보기만 하면 됩니다. 그래서 행복합니다.

## 나는 단단한 믿음을 가진 사람이다

당신은 단단한 사람입니까? 아니면 무른 사람입니까?

나는 단단한 사람입니다. 내 마음은 강철 같습니다. 내 마음은 성벽 같습니다. 화살처럼 쏟아지는 사람들의 부정적인 말에도 흔들리지 않습니다. 세차게 쏟아지는 비 같은 현상에도 주저앉지 않습니다. 내가 어떻게 이처럼 단단해질 수 있었을까요?

첫째, 내 안에 하나님의 영 성령님이 가득히 들어와 계시기 때문입니다. 이 믿음을 가진 나는 의로운 길을 걷게 되었습니다.

다윗 왕은 자신에게 찾아오시어 늘 함께하시는 하나님을 찬미하는 시를 아주 많이 썼습니다. 그 중에 하나가 이것입니다.

"나의 힘이신 여호와여, 내가 주를 사랑하나이다. 여호와는 나의 반석이시요 나의 요새시요 나를 건지시는 이시요 나의 하나님이시요 내가 그 안에 피할 나의 바위시요 나의 방패시요 나의 구원의 뿔이시요 나의 산성이시로다."(시 18:1~2)

다윗은 형제 중에 나이도 가장 어렸고 외적으로도 잘난 것이 없는 사람이었습니다. 그래서 아버지 이새가 하나님의 종 선지자 사무엘이 자신의 집에 찾아오자 다윗은 쏙 빼고 형들만 모이게 했던 것입니다. 그런데 하나님께서는 다윗을 택하셨고 그에게 기름을 부으셨습니다. 다윗은 기름 부어졌지만 계속 양을 쳐야 했습니다.

다윗은 양을 치면서도 마음이 약해지지 않았습니다.

하나님께서 다윗에게 큰 믿음 곧 강철같이 단단한 믿음을 선물로 주셨기 때문입니다. 다윗은 들판에서 양을 칠 때도 자신과 함께하시는 여호와 하나님을 믿음의 눈으로 바라보고 믿음의 가슴으로 느꼈으며 온 마음을 다해 아주 뜨겁게 그분을 사랑하고 경외했습니다.

그런 다윗은 하나님의 큰 기쁨과 자랑이었습니다.

둘째, 내가 믿는 하나님은 축복과 사랑의 하나님이십니다.

하나님을 경외한 다윗은 하나님께 사랑을 듬뿍 받았습니다.

그 덕분에 자녀인 솔로몬까지 큰 복을 받았습니다. 그런데 솔로몬은 하나님께 지혜를 받았음에도 믿음이 약해져서 이방 여인들을 아내로 맞았고 아내들의 우상을 받아들였습니다. 하나님이 가장 싫어하시는 것이 다른 신을 섬기는 것, 우상을 섬기는 것인데 말이지요, 그의 자식 때부터 나라의 분열이 시작되었습니다. 물론 하나님께서 솔로몬과 그의 자손에게 일부러 저주를 준 것이 아닙니다.

솔로몬이 스스로 복 받기를 거부하였고 스스로 악한 자의 길로 들어선 것입니다. 하나님 믿기를 거부하고 우상을 섬기는 것은 악한 길을 걷는 것과 같습니다. 사탄은 믿음이 무른 자를 단번에 알아보고 그 사람을 쳐서 멸망의 길을 가게 하려고 안간힘을 씁니다. 악한 길의 끝은 멸망이며 그의 자손들까지 사탄과 귀신들로 인해 저주받게 합니다. 악인에게는 소망이 없습니다. 하나님은 축복과 사랑의 하나님입니다. 하나님을 경외하고 사랑하는 자는 의로운 길, 축복의 길을 가게 됩니다. 의로운 길의 끝은 생명입니다.

의인들의 자손은 하나님의 손길 아래서 복을 받습니다.

"악인은 죽을 때에 그 소망이 끊어지나니 불의의 소망이 없어지느니라. 의인은 환난에서 구원을 얻으나 악인은 자기의 길로 가느니라. 악인은 입으로 그의 이웃을 망하게 하여도 의인은 그의 지식으로 말미암아 구원을 얻느니라. 의인이 형통하면 성읍이 즐거워하고 악인이 패망하면 기뻐 외치느니라. 성읍은 정직한 자의 축복으로 인하여 진흥하고 악한 자의 입으로 말미암아 무너지느니라."(잠 11:7~11)

셋째, 나는 연단을 통해 단단한 믿음을 가지게 되었으며 그로 인해 성령님과 동행하며 의로운 길을 걷고 있습니다.

하나님께서는 우리가 의로운 길을 가기 원하십니다. 그러나 우리에게 선택권을 주셨습니다. 이 선택권을 갖고 우리는 선택해야 합니다. 생명의 길을 걸을지 멸망의 길을 걸을지 말입니다.

나는 의로운 길을 걷기로 선택했습니다. 나는 내 안에 실제로 살아 계시는 하나님의 영 성령님을 인격적으로 모시고 경외하며 사랑합니다. 당신도 성령님을 믿음으로 바라보고 인격적인 교제를 나누십시오. 그분을 경외하고 사랑하고 의지하십시오.


## 당신의 삶이 행복해지는 비결

당신은 삶이 행복하다는 것을 말한 적이 있습니까?

혹시 자랑삼아 말하지는 않았습니까? 나는 그들보다 더 행복하다는 식의 자랑을 하지 않습니다. 단지 내가 왜 행복한지 이유까지 포함해서 그들에게 전함으로 그들 또한 행복해지기를 원합니다.

나는 내 삶이 행복하다고 자주 말합니다. 이때 내가 왜 행복한지에 대한 이유를 말하는 것이 가장 중요합니다. 내 이야기를 듣고 다른 사람들의 삶도 나처럼 행복해지기를 원하기 때문입니다. 나에게 이런 마음을 주셨고 내 삶을 행복하게 만드신 분이 계십니다.

그분은 바로 '성령님'이십니다.

내가 예수를 구주로 영접한 순간 내 죄는 완전히 사함을 받았고 의인이 되었습니다. 의인이 된 내 안에 예수의 영이신 성령님이 가득히 임하셨습니다. 성령님께서는 내 삶에 그냥 계시기만 하는 분이 아닌 나의 인도자이고 나를 돕는 보혜사이십니다.

인생은 알 수 없습니다. 잘되는 것 같다가도 한순간에 힘들어지기도 하고 밑바닥의 정점을 찍다가도 갑자기 하늘로 치솟을 정도로 잘되는 경우도 있습니다. 이런 갈팡질팡 아슬아슬한 상황 속에서 인간은 늘 두려움과 염려 그리고 은근한 기대를 품고 살아갑니다.

어떤 이는 살면서 좀 힘들어지면 자기보다 잘나가는 사람을 보며 시기하고 자신과 같이 망하기를 바랍니다. 유명인들을 무작정 비난하고 비판하고 평가하기도 합니다. 그들이 유명하기 때문에, 돈을 잘 벌기 때문에, 예쁘고 잘생겼기 때문에, 온갖 이유로 말입니다.

이런 비천한 인생이 구원을 얻고 성령님께서 주인으로 자리를 잡으시면 완전히 다른 삶을 살게 됩니다. 어떻게 달라질까요?

첫째, 의로운 삶을 살게 됩니다.

자신이 예수를 구주로 영접한 순간, 그리스도 안에서 완전한 의인이 되었다는 것을 알고 믿게 됩니다. 그리고 의인은 의로운 삶을 살아야 한다는 것을 깨닫습니다. 그것이 나를 대신해 죽으신 예수님을 기쁘게 하는 것입니다.

예수를 믿음에도 불구하고 습관적으로 죄를 지으며 남들의 손가락질을 받는 사람은 예수님의 은혜를 짓밟고 하나님의 이름에 먹칠하고 있는 것입니다. 하나님은 우리에게 세상의 빛과 소금이 되라고 하셨습니다. 우리가 의인의 거룩한 삶을 살지 않은데 어떤 사람이 우리를 보고 예수님을 믿겠습니까? 의인다운 삶, 거룩한 삶은 내 힘으로 되지 않습니다. 성령님께 도움을 구해야 합니다.

"성령님, 제가 의인답게 거룩한 삶을 살게 해주세요."

둘째, 성령 충만한 삶을 살게 됩니다.

자기 안에 성령님이 조금 들어와 계신 것이 아닌 가득히 들어와 계신다고 믿게 됩니다. 성령님은 우리가 땀과 눈물과 시간을 들여 오랜 기간 고행하고 도를 닦아야 조금씩 더 많이 들어오시는 것이 아닙니다. 예수를 구주로 영접한 자 안에 '가득히' 임하셨습니다.

인간은 스스로의 죄를 사할 수 없으며 한 방울의 성령도 얻을 수 없습니다. 그런 인간의 노력과 행위들은 다 헛된 것일 뿐입니다. 오직 믿음으로 성령 충만한 상태를 계속 공급받습니다.(엡 5:18)

셋째, 건강한 삶을 살게 됩니다.

예수님이 우리 대신 채찍에 맞으며 우리의 모든 질병을 담당하셨다는 것을 믿게 됩니다. 질병 대신 우리에게 임한 것은 '건강'입니다. 예수 믿는 자는 이 땅에서 건강하게 살 자격을 얻었습니다.

그러나 스스로 자신의 건강을 해친다면 이 땅에서 건강을 누릴 수 없습니다. 먼저 잠을 푹 자십시오. 성령님께서는 우리에게 꿀 같은 잠을 선물해 주십시오. 그리고 몸에 좋은 것을 드십시오. 공장 갔다 온 것을 즐겨 먹지 말고 하나님이 창조하신 곡식, 채소, 과일, 소, 양, 가금류, 생선(비늘, 지느러미 있는 것)을 즐겨 드십시오.

만약 공장 갔다 온 것이 꼭 먹고 싶다면 화학조미료, 방부제, 유화제 등 인체에 해로운 독이 없는 유기농 제품을 섭취하십시오.

우리가 먼저 건강하게 살 때 주위 사람들도 우리처럼 좋은 식물을 선택하게 됩니다. 그러면 같이 건강해지게 됩니다.

넷째, 부요한 삶을 살게 됩니다.

육적인 부는 있다가도 없어지는 찰나의 것들입니다. 그러나 영적인 부는 영원합니다. 당신의 내면이 부요하다면 있던 재물이 사라질지라도 낙심하지 않습니다. 가진 사람을 시기 질투하지 않고 저주하지 않습니다. 오히려 그들의 성공을 축하합니다.

영적인 부는 우리 안에 이미 들어와 있습니다. 세상 만물의 주인이신 하나님이 성령님으로 우리 안에 들어와 계시기 때문입니다.

이미 우리는 많은 것을 가진 자입니다. 우리가 구하든 구하지 않든 만물은 자석에 끌려오듯이 우리에게로 계속 끌려옵니다. 의인은 내면에서 부요한 기운이 흘러 나고 주위에서도 다들 그렇게 느낍니다. 당신은 그리스도 안에서 부요한 사람입니다.

다섯째, 지혜로운 삶을 살게 됩니다.

나는 내 안에 참 지혜, 큰 지혜, 영원한 지혜가 되신 예수님이 성령으로 들어와 계신다는 것을 믿습니다. 세상에 많은 잘난 자들 중에서 예수님보다 지혜로운 자는 없습니다. 예수님은 지혜 그 자체이시기 때문입니다. 우리는 그런 큰 지혜를 가진 예수님을 모신 자이므로 더는 어리석지 않습니다. 바보가 아닙니다. 스스로를 어리석다고 생각하고 말하게 되면 엄청난 지혜를 가졌음에도 하나도 누리지 못하고 자꾸 어리석은 선택을 하고 바보 같은 행동을 하게 됩니다. 주위에서도 어리석다고 평가하고 바보 같다고 놀립니다.

당신은 스스로를 예수 그리스도를 모신 지혜로운 자로 여기고 "그리스도 안에서 나는 지혜롭다. 천재다"라고 말해야 합니다.

그리고 문제가 생기면 당신 안에 계신 성령님께 물어야 합니다.

삶에 찾아오는 많은 선택의 기로에서 가장 지혜로운 선택을 할 수 있도록 성령님께 자꾸 물어야 합니다. 그러면 그분이 세미한 음성으로 말씀하십니다. 그 음성을 따라 순종하면 성공합니다. 이것이 지혜로운 선택, 최고의 선택을 하는 방법입니다. 그런 당신을 보고 사람들이 지혜롭다고 인정하며, 그들도 배우게 됩니다.

여섯째, 평화로운 삶, 새 생명을 가진 삶을 살게 됩니다.

예수님이 우리 대신 징계를 받으시고 죽으셨습니다. 그러므로 우리는 더 이상 징계를 받지 않고 영원히 죽지 않습니다. 우리는 영원한 생명, 새 생명을 얻었으므로 죽으면 천국에 가고 이 땅에서도 천국같이 행복하게 살게 됩니다. 우리는 징계 곧 저주와 무관한 사람들입니다. 우리에게 저주를 내리는 사람은 그 저주가 자신에게로 돌아갑니다. 우리가 다른 사람을 축복하면 그 축복이 이뤄집니다. 그러므로 우리는 평생 남을 축복하는 일에만 힘써야 하겠습니다.

## 나는 다스리고 섬기는 사람이다

당신은 다스릴 줄 아는 사람입니까?

아니면 일방적으로 섬기기만 하는 사람입니까? 성경은 예수님을 '양과 사자'로 비유합니다. 양은 '은혜' 사자는 '진리'를 상징합니다.

예수님은 은혜와 진리가 충만한 분입니다. 둘 다 중요합니다.

사자는 강한 마음으로 다스리며 양은 죽기까지 섬깁니다. 예수님을 모신 사람은 다스리며 섬겨야 합니다. 둘 다 잘해야 합니다.

예전에 나는 다스릴 줄 모르고 섬길 줄만 아는 사람이었습니다.

그래서 나는 누군가를 가르치거나 이끄는 일을 두려워했고 스트레스를 받았습니다. 누군가 내게 일을 맡기면 잘하려고 힘썼고 만약 잘하지 못하면 그 일을 회피하는 나약한 사람이었습니다.

이제 나는 다스릴 줄 알고 섬길 줄도 아는 사람이 되었습니다. 내 안에 만왕의 왕이신 하나님이 계시기 때문이며, 인류를 위해 자기 목숨을 내어 주신 사랑의 주 예수 그리스도가 계시기 때문입니다.

예수님은 큰 지혜이십니다. 그분을 모신 우리는 큰 지혜를 가졌습니다. 솔로몬은 하나님께 지혜를 받았지만 예수님은 스스로가 지혜가 되시기 때문에 그러지 않았습니다. 가장 큰 지혜이신 예수님이 우리 안에 들어와 계시므로 우리는 무슨 일이든지 예수님께 먼저 물어야 합니다. 그러면 예수님이 초자연적인 지혜를 주십니다.

"예수님, 이 문제를 어떻게 할까요?"

우리는 이러한 예수님의 지혜를 마음껏 구해야 합니다.

예수님께서는 이 땅에서 많은 것을 누리셨으며 그분을 따르는 사람들을 다스리고 또 섬기셨습니다. 예수님께서는 그분이 하셔야 하는 일에 대해 홀로 감당하지 않고 그분이 세우신 제자들에게 위임하셨습니다. 또한 그들이 일을 제대로 할 수 있도록 정확하게 '지시'하고 '확인'하셨습니다. 지시만 하고 일이 끝난 후에 확인하지 않으면 나중에 문제가 생기고 그 책임을 자신이 다 져야 합니다.

예수님은 섬기기만 하신 것이 아닙니다. 다스리셨습니다.

그분은 모든 것을 다스리며 지시하고 확인하셨습니다. 지금 우리 안에 와 계신 성령님께서도 우리가 섬기기만 하는 것을 원하지 않으십니다. 주위 사람들과 육신과 환경을 잘 다스리기를 원하십니다.

그리고 위임해야 합니다. 당신이 하는 일에 대해 혼자 전부다 하려고 짐을 지지 말고 주위 사람들과 분담하고 그 일을 정확히 해내도록 자세히 설명하고 지시하고, 마지막엔 반드시 확인해야 합니다.

모든 일은 지도자를 중심으로 돌아가야 합니다. 당신이 지도자가 아닐 때는 지도자가 시키는 일을 정확히 알고 처리해야 합니다.

먼저 우리는 주인이신 성령님이 지시하는 일에 잘 순종해야 합니다. 그리고 각자에게 맡겨진 일에 책임감을 가져야 합니다.

하나님은 우리가 세상의 빛이 되기를 원하십니다. 그러려면 모든 일에 최선을 다하고 잘 섬길 줄 알아야 합니다. 다스리는 일도 잘해야 합니다. 빛 가운데로 사람들을 이끌어야 하기 때문입니다.

성령님과 함께 잘 다스리며 섬기기 바랍니다.


## 하루하루가 즐거움의 연속이다

당신은 하루하루가 즐겁습니까?

나는 하루하루가 즐거움의 연속입니다. 어떻게 이것이 가능할까요? 내 안에 예수님이 주신 큰 평안이 가득하기 때문입니다.

"평안을 너희에게 끼치노니 곧 나의 평안을 너희에게 주노라. 내가 너희에게 주는 것은 세상이 주는 것과 같지 아니하니라. 너희는 마음에 근심하지도 말고 두려워하지도 말라."(요 14:27)

이런 평안이 없는 사람은 불행합니다. 그 자리에 두려움과 불안과 염려가 가득하기 때문입니다. 즐거운 일이 있어도 온전히 그 즐거움을 누리지 못합니다. 즐거움 뒤에 갑자기 무슨 일이 일어나지 않을지 두렵고 불안하고 염려가 되기 때문입니다. 그래서 성장하기를 거부하기도 합니다. 그 자리에 머물러 있는 편이 새로운 일에 도전했다가 낭패를 보는 것보다 낫다고 여기기 때문입니다.

그렇다면 내 안에는 어떻게 두려움과 염려와 불안 대신 평안이 가득히 임하게 된 것일까요? 내가 예수를 구주로 영접한 순간 내 안에 예수 그리스도의 영이신 성령님이 가득히 임하셨기 때문입니다.

성령님께서 내 안에 들어오실 때 일곱 가지의 복을 가져오셨습니다. 의와 성령 충만, 건강과 부요, 지혜와 평화와 생명입니다.

이것을 '의성건부지평생, 온전한 복음'이라고 합니다.

예수를 믿기 전에는 내 안에 죄와 목마름, 병과 가난, 어리석음과 징계와 죽음이 가득히 임하여 있었습니다. 그런 내가 예수를 믿음으로 말미암아 죄 사함을 받아 의인이 되었고 성령 충만해졌고 건강해졌고 부요해졌고 지혜로워졌습니다. 삶에 평화가 가득히 임했고 새 생명을 얻었습니다. 새로운 피조물이 되었습니다.

이 반대의 상태인 '죄목병가어징죽, 온전한 저주'는 늘 사람에게 두려움과 불안과 염려와 근심을 가득 안겨 줍니다.

'내가 또 죄를 지으면 어떡하지? 걱정돼.'

'내가 병에 걸리면 어쩌지? 병원비로 돈 다 날리고, 너무 고통스럽고 내 가족들도 나 때문에 힘들어질 텐데, 너무 두려워.'

'내가 가진 것을 다 잃게 되면 어쩌지? 가난해지면 어떡하지? 집에서 쫓겨나면 어떡해? 염려돼.'

이 모든 생각과 말은 부정적인 것들이며, 마귀와 귀신들의 주특기입니다. 그들은 사람에게 부정적인 생각을 주입하고 그걸로 사람들이 고통스러워하는 것을 좋아합니다. 사람들은 그것을 모르고 마귀와 귀신들이 주는 것을 받아들여 두려움과 불안과 염려 속에서 고통을 당합니다. 내가 이렇게 고통 받으니 남들도 고통 받기를 원하게 됩니다. 그래서 잘난 사람들을 시기하고 저주합니다.

예수를 믿음에도 부정적인 생각에 사로잡혀 자기 자신을 죄인 취급하고 정죄하는 사람들이 많습니다. 남 또한 정죄하고 저주합니다. 그들은 마귀에게 속아 고통의 굴레 속에 거하며 한 번뿐인 귀한 인생을 낭비하고 있는 것입니다. 거기서 빠져나와야 합니다.

마귀와 귀신들은 예수를 믿지 않은 사람 곧 죄인들을 자신의 종으로 만들어 온갖 죄를 짓게 하고 그 죄로 인해 고통 받게 합니다.

그리고 예수 믿는 자 곧 의인들도 살살 꾀어 죄를 짓게 하고 그리스도 안에서 의인임에도 불구하고 자신을 죄인이라고 믿게 만듭니다. 이 모든 것을 우리의 창조주 하나님께서 보고 계시며 매우 슬퍼하십니다. 그분은 불쌍한 우리를 위하여 품에 있는 독생자 예수 그리스도를 보내 우리를 대신해 십자가에 못 박혀 죽게 하셨습니다.

예수님이 우리의 죄를 완전히 대속하셨으므로 예수를 믿는 순간 우리의 죄가 완전히 사함을 받았습니다. 예수의 보혈은 빈약하지 않고 풍성합니다. "우리는 그리스도 안에서 그의 은혜의 풍성함을 따라 그의 피로 말미암아 속량 곧 죄 사함을 받았느니라."(엡 1:7)

의인이 된 순간 절대로 다시 죄인이 되지 않습니다. 이제 마귀의 거짓말에 속으면 안 됩니다. 당신 안에 의가 가득하며 보혜사 성령님께서 당신 안에 '가득히' 임하셨고 '영원히' 함께 하십니다.

"내가 세상 끝날까지 너희와 항상 함께 있으리라."(마 28:20)

그러므로 당신은 당신 자신을 의인으로 인정해야 합니다.

이것이 예수 그리스도의 속량을 인정하는 것이고, 하나님의 기쁨이 되는 것입니다. 하나님께서는 의인을 그분의 자녀로 삼으셨습니다. 우리는 하나님의 귀한 자녀입니다. 하나님께서는 자녀가 의인답게 의성건부지평생의 일곱 가지의 복을 누리며 살기 원하십니다.

그래서 직접 보혜사 성령님으로 우리 안에 임하셨습니다.

우리는 성령님과 함께 인생을 살아야 합니다. 무엇을 하든 성령님께 물으십시오. 특별한 도움을 구할 때만 아니라 일상에서도 항상 성령님과 친밀한 교제를 나누십시오.

눈에 보이지 않지만 실재하신 성령님을 믿고 사람들에게 말하지 못했던 것들까지 그분께 다 말씀드리고 위로를 받으십시오.

사람은 당신의 전부를 알지 못하나 성령님은 다 아십니다.

그리고 어떤 사람보다 당신을 뜨겁게 사랑하십니다.

성령님 때문에 생쥐 같은 내 인생이 사자처럼 바뀌었습니다.

나는 강인한 사자 왕이다

쥐새끼는
모두가 잠든
아주 깊은 밤에
슬그머니
밖으로 나온다.

소리 없이
조심스럽게
맹수들을 피하고
사람들을 피해
먹을 것을 찾고
다시 자신의 안식처인
쥐구멍으로 들어가
숨는다.

예전에 나도
쥐구멍에 숨은
쥐새끼 같았지.

사람들이 두렵고
나 자신이 싫어서
쥐구멍 같은
방구석에서
숨죽이고 있었지.

그런 나를
하나님께서
찾아내셨고
손을 뻗으셨다.
'이리 나오렴.'

그날 나는
그 어두운 쥐구멍에서
빠져나왔다.

그리고
아주 밝은
빛이 비취는
바깥으로 나왔다.

예전에
나 자신에게
부정적인 말만
쏟아 냈던 나.

나 자신에게
저주만 했던 나는
쥐구멍에 숨어서
벌벌 떠는
쥐새끼였다.
이제는 바뀌었다.

그리스도 안에서
절대 긍정적인 말과
축복하는 말을
나 자신에게 한다.

하나님이 말씀하셨다.
"두려워하지 말라."
"내가 너를 지켜 주겠다."
"너를 돕고 안위하겠다."

그분으로 인해
자존감이 생겼고
자신감도 생겨났다.

더 이상
어떤 사람도
어떤 일도
두렵지 않다.

나는 이제
쥐새끼가 아닌
동물의 왕인
강한 사자가 되었다.
하나님의 은혜다.

## 당신의 장점을 크게 여기고 좋아하라

당신은 선천적인 것에 감사한 적이 있습니까?

사람마다 하나님께 받아 선천적으로 가지게 된 것이 있습니다.

어떤 사람은 머리카락이 풍성하고, 어떤 사람은 머리가 작고, 어떤 사람은 피부가 하얗고 고우며, 어떤 사람은 눈이 큽니다. 이렇게 태어날 때부터 가지게 된 것에 대해 감사한 적이 있습니까?

혹시 단점만 바라보며 불만을 품고 불평하지는 않습니까?

"나는 피부가 고운데 머리가 너무 커서 짜증 나."

"나는 눈이 큰데 얼굴이 사각형이야. 너무 맘에 안 들어."

"나는 얼굴은 작은데 코가 너무 커서 신경 쓰여."

장점이 있듯이 단점도 있습니다. 단점을 바라보면 하나도 행복하지 않습니다. 단점만 크게 보이고 선천적인 장점이 하나도 맘에 들지 않습니다. 하지만 장점을 바라보면 단점은 개미구멍만큼 작게 보입니다. 모든 사람이 장점만 갖고 태어나진 않습니다. 장점을 바라보며 그것을 극대화시켜야 합니다. 어떻게 하면 될까요?

그리스도 안에서 자신감과 자존감을 가져야 합니다.

사람들, 그리고 사탄과 귀신들은 자신감과 자존감이 없는 사람을 단번에 알아봅니다. 그리고 뱀처럼 스르륵 다가와 꾀기 시작합니다.

어떻게 꾈까요? 그 사람이 자신의 단점만 크게 여기고 그걸 바라보며 낙심하게 하고 괴로워 미치게 만듭니다. 그 결과 자신이 스스로를 죽이거나 시기심에 빠져 다른 사람을 괴롭히고 죽이게 합니다.

사람들도 자신감과 자존감 없는 사람을 발견하면 그를 우습게 여기고 아주 무시합니다. 또한 자신이 그 사람을 이용할 수 있다는 것을 알고 자꾸 부정적인 말을 쏟으며 궁지로 몰아갑니다.

어떻게 해야 자신감과 자존감을 얻을 수 있을까요?

첫째, 내 안에 만물의 주인이신 전능자 하나님이 들어와 계신다는 사실을 믿어야 합니다. 또한 내 안에서부터 빛이 흘러나온다는 것을 믿어야 합니다. 하나님이 안 계실 때 나는 아무 쓸모가 없었지만 하나님이 계신 나는 무엇이든지 할 수 있습니다. 이것을 믿고 자신 있게 사람들에게 말하고 행동하고 일을 진행하십시오.

사람들을 너무 의식하지 말고 그들로부터 자유를 얻으십시오.

사람들은 당신에게 그다지 관심이 없습니다. 당신은 당신의 행동 하나하나에 사람들이 반응할 거라고 생각할 수도 있지만, 대부분 사람은 자기 살기 바쁘므로 당신에게 별로 신경을 쓰지 않습니다. 그렇다고 예의 없게 행동하며 이기적으로 살라는 말은 아닙니다.

둘째, 당신의 말과 행동을 성령님과 함께해야 합니다.

당신은 말을 하고 나서 후회한 적이 있습니까? 생각 없이 말해 놓고 후회하고 자기 자신을 책망하느라 자존감이 사라졌을 수도 있습니다. 그렇게 자책하지 마십시오. 자신의 실수를 한 방울 물처럼 작게 여기고 잊으십시오. 누구나 실수합니다. 만약 잘못한 점이 있었다면 깨달음만 얻고 다음부터 그렇게 안 하면 됩니다. 말하기 전에 세 번 정도 생각하고 말하십시오. 그러면 실수가 줄어듭니다.

부정적으로 말하지 않겠다고 결심하고 말을 내뱉기 전에 여러 번 생각하십시오. 성령님께 부정적인 말을 하지 않게 해 달라고 도움을 구하십시오. 부정적인 말은 사탄과 귀신들이 좋아합니다.

당신이 부정적인 말을 자꾸 하면 사람들이 좋아하지 않습니다.

당신은 하나님을 모신 의인답게 의를 말하고 성령 충만을 말하고 건강을 말하고 부요를 말하고 지혜를 말하고 평화를 말하고 생명을 말해야 합니다. 성경 말씀에 근거한 긍정적인 말만 해야 합니다.

그러면 당신의 자신감과 자존감이 점점 높아질 것입니다.


## 하나님의 이름을 많이 불러라

당신은 하나님의 이름을 하루에 몇 번이나 부릅니까?

하나님의 이름을 많이 부를수록 하나님의 영광이 많이 나타납니다. 당신이 하나님의 이름을 부를 때 하나님은 매우 기뻐하십니다.

그러나 하나님의 이름을 함부로 사용해서는 안 됩니다. 죄를 짓는 것에 사용해서도 안 됩니다. 그것은 하나님의 영광을 드러내는 것이 아닌 가리는 것이며 오히려 하나님의 노여움을 삽니다. 그렇다고 해서 하나님이 사람에게 저주를 내리고 하루아침에 멸망시키지는 않습니다. 사람 스스로가 잘못된 길을 선택한 것입니다.

많은 사람들이 사탄과 귀신들의 꼬임에 넘어가 하나님을 무시하고 존중하지 않으며, 잘못된 일에 하나님의 이름을 함부로 사용합니다. 부정적인 말과 죄짓는 행위를 하며 주위의 미움을 받습니다.

죄를 지음으로 저주 가운데 살며 멸망의 길로 들어섭니다.

사탄과 귀신들은 멸망하게 만드는 자, 저주를 불러오는 자입니다. 당신이 예수를 구주로 영접하므로 의인이 되었다면 사탄과 귀신들은 당신에게 가까이 다가오지 못합니다. 왜일까요?

첫째, 당신 안에 예수의 영이신 성령님이 가득히 들어오셨기 때문입니다. 오순절 날, 의인들과 영원히 함께하기 위하여 예수의 영이신 성령님께서 이 땅에 오셨습니다. 성령님은 의인들 안에 조금 들어오지 않고 마르지 않는 강물처럼 풍족하게 들어오셨습니다.

"나를 믿는 자는 성경에 이름과 같이 그 배에서 생수의 강이 흘러나오리라 하시니, 이는 그를 믿는 자들이 받을 성령을 가리켜 말씀하신 것이라."(요 7:38~39)

둘째, 사탄과 귀신들은 예수 이름 앞에 벌벌 떨기 때문입니다.

군대 귀신을 쫓아내신 예수님이 지금 당신 안에 살아 계십니다.

예수님이 나타나시자 군대 귀신은 너무 무서워서 소리를 질렀으며, 돼지 떼에 들여보내 달라고 간절히 구하기까지 했습니다.

셋째, 이 세상 모든 권세 잡은 자보다 더 큰 권세를 지니신 성령님이 당신 안에 살아 계시기 때문입니다. "예수께서 나아와 말씀하여 이르시되 하늘과 땅의 모든 권세를 내게 주셨으니."(마 28:18)

성령님은 곧 하나님이십니다. 우리는 하나님의 거룩한 이름을 많이 불러야 합니다. 이렇게 다양하게 부를 수 있습니다.

"하나님, 예수님, 성령님, 주님, 아빠, 아버지."

하나님께서는 이토록 많은 이름을 우리에게 부르도록 허락하셨고 예수 이름의 권세 또한 우리에게 주셨습니다. 그러므로 우리는 예수 이름으로 명령하여 사탄과 귀신들을 쫓아내야 합니다. 그것들이 불어 일으키는 죄, 목마름, 병, 가난, 어리석음, 징계, 죽음에 대해서도 예수 이름으로 강하게 꾸짖으며 쫓아내야 합니다.

사실 우리가 예수를 영접한 순간 죄목병가어징죽은 우리에게서 떠나가고 의, 성령 충만, 건강, 부요, 지혜, 평화, 생명이 가득히 임했습니다. 그런데 현상으로는 죄, 목마름, 병, 가난 등이 아직 있는 것처럼 느껴집니다. 이 현상과 느낌은 육신의 것입니다. 육신을 따르지 말고 성령을 따라야 합니다. 우리 안에 의성건부지평생이 임해 있다는 것을 믿고 그것에 대해서만 말해야 합니다. 이것이 바로 하나님이 기뻐하시는 영의 생각이며 온전한 믿음입니다.

## 하나님의 사랑 안에서 복을 받아 누리자

당신은 지극히 높으신 하나님의 사랑을 압니까?

나는 그 사랑을 알고 느끼며 행복하게 살고 있습니다.

어떤 사람들은 원망하듯이 말합니다. "하나님이 살아 계신다면 나를 이렇게 살게 두실 리가 없어. 하나님이 나를 사랑하신다면 지금보다는 더 나아야 되는 거 아닌가?"

예수를 믿지 않는 사람들도 그렇지만 예수를 믿음에도 하나님의 살아 계심에 대해 의심하는 사람들이 많습니다. 그들은 영화나 드라마, 소설과 만화에 나온 대로 정말 신이 있다면 자신을 선택해서 한순간에 초능력자나 벼락부자가 되게 해주기를 바랍니다.

그러면서도 '이건 너무 큰 꿈이야, 먹고 살 수 있을 정도라도 해주시면 좋겠어'라고 생각하는 사람도 있습니다. 그들은 여전히 자신의 삶에 대해 '부족하다, 불행하다'고 여깁니다. 예수를 믿는다면 지금보다는 더 나아야 된다는 믿음이 있는 것이지요.

하나님의 사랑은 예수 믿는 자에게나 믿지 않은 자에게나 동일하게 향합니다. 모든 사람들에게 차별 없이 햇빛과 단비 그리고 사랑을 부어 주십니다. 그런데 그 하나님의 은혜를 누리는 자가 있는가 하면 누리지 못하는 자가 있습니다. 왜 어떤 사람들은 누려야 될 것을 누리지 못하고 있을까요? 어떻게 해야 복을 누릴 수 있을까요?

첫째, 당신이 가진 육신의 생각과 시선을 버려야 합니다.

예수 믿지 않는 사람들 중에서 나름대로 자신감과 자존감이 있는 사람들이 있습니다. 그들은 자신이 복을 받기에 합당하다고 생각합니다. 자신의 땀과 눈물로 이루어진 성과를 자랑스럽게 여깁니다.

그러나 안타깝게도 예수를 믿음에도 불구하고 자신감과 자존감이 없는 사람들이 있습니다. 이들은 자신들이 비천한 죄인이며 복을 받기에 부족하다고 생각합니다. 자기 죄를 스스로 사하기 위해 자신의 땀과 눈물을 쏟으며 고행하기 바쁩니다. 슬픈 일입니다.

둘째, 당신이 복을 받기에 합당한 자라는 것을 믿어야 합니다.

그렇지 않으면 하나님이 주신 복이 당신에게 들어가려고 해도 그에 합당한 생각과 마음을 갖고 있지 않기 때문에 튕겨 나옵니다.

하나님께서는 모든 사람이 행복하기를 원하시지만 그중에서도 그분이 가장 바라는 것은 예수 믿는 자들 곧 의인들이 행복해지는 것입니다. 하나님은 사랑이 넘치시는 분이기에 의인들에게 성령님을 보내 주셨습니다. 성령님과 동업하면 복을 받습니다.

셋째, 당신이 하나님께 택함 받은 그분의 종임을 믿어야 합니다.

성경에 나오는 인물들을 보며 우리는 깨달아야 합니다. 그들은 결코 자신을 정죄하지 않았습니다. 하나님이 은혜로 자신을 택하셨으므로 자신이 복 받고 쓰임 받기 합당한 자임을 믿었습니다.

하나님의 종은 사탄과 귀신들이 함부로 대하지 못합니다. 오히려 하나님의 종이 예수 이름으로 명령하면 벌벌 떱니다. 하나님의 종 안에 예수 그리스도가 영으로 들어와 살고 계시기 때문입니다.

넷째, 당신에게 예수 그리스도의 권세가 있음을 믿어야 합니다.

당신은 예수 이름의 권세를 갖고 있습니다. 그러므로 부정적인 생각 곧 죄와 목마름, 병과 가난과 어리석음, 징계와 죽음에 대한 생각이 떠오르면 예수 이름으로 명령하며 꾸짖어야 합니다.

이렇게 명령하십시오. "예수 이름으로 명하노니 이 더러운 사탄과 귀신들아, 내 주위에서 떠나가라. 부정적인 생각아, 지옥에서부터 오는 죄목병가어징죽의 생각아, 다 떠나갈지어다."

의인 안에는 의, 성령 충만, 건강, 부요, 지혜, 평화, 생명이 가득합니다. 예수 믿지 않는 자 곧 죄인은 죄목병가어징죽에 눌립니다. 하지만 의인은 이런 일곱 가지 저주에서 끊어졌고 의성건부지평생의 일곱 가지 복과 연결되어 있습니다. 이것을 믿으십시오.

당신 안에 하나님의 나라가 가득합니다.

# 절대 긍정의 믿음

초판 1쇄 인쇄 | 2024년 3월 10일
초판 1쇄 발행 | 2024년 3월 15일

지은이 | 김열방 김사라 국순희 김향숙 박미혜 이숙경 이재연

발행인 | 김사라
발행처 | 날개미디어
등록일 | 2005년 6월 9일, 제2005-44호
주소 | 서울특별시 송파구 백제고분로9길 6(잠실동, A동 3층)
전화 | 02)416-7869
메일 | wgec21@daum.net

종이책 ISBN: 979-11-92329-33-8 (03230)
전자책 ISBN: 979-11-92329-34-5 (05230)

종이책값 20,000원

전자책값 20,000원